图书在版编目（CIP）数据

最能提升学生艺术素养的课堂——小学艺术单元整体课程实施与评价/张静，王慧，韩媛媛，刘庆军主编. —南京：江苏教育出版社，2014.5

ISBN 978-7-5499-3878-0

Ⅰ.①最… Ⅱ.①张…②王…③韩…④刘… Ⅲ.①艺术—课堂教学—教学研究—小学 Ⅳ.①G623.702

中国版本图书馆 CIP 数据核字（2014）第 041415 号

书　　名	最能提升学生艺术素养的课堂 ——小学艺术单元整体课程实施与评价
总 主 编	李怀源
本册主编	张　静　王　慧　韩媛媛　刘庆军
责任编辑	午新生　雷利军　王　莹
出版发行	凤凰出版传媒股份有限公司 江苏教育出版社（南京市湖南路 1 号 A 楼　邮编 210009）
苏教网址	http：//www.1088.com.cn
照　　排	润星之源文化有限公司
印　　刷	三河市华润印刷有限公司
厂　　址	河北省三河市杨庄镇杨庄村
开　　本	787 毫米×1092 毫米　1/16
印　　张	16.75
字　　数	296 千字
版　　次	2014 年 5 月第 1 版　2014 年 5 月第 1 次印刷
书　　号	ISBN 978-7-5499-3878-0
定　　价	30.00 元
网店地址	http：//jsfhjy.taobao.com
邮购电话	025-85406265，85400774　短信　02585420909
E - mail	jsep@vip.163.com
盗版举报	025-83658579

目　　录

总论：从单元整体教学到单元整体课程 …………………………………… 1

小学音乐单元整体课程实施与评价

第一章　课程概述 ………………………………………………………… 3

“小学音乐单元整体教学”从单元整体出发，既让学生欣赏到不同风格的歌曲，又强调学生的参与。学生在欣赏美的同时，也提升了自己的水平。

第二章　一年级上学期 …………………………………………………… 6

在本学段，学生初步接触节奏、乐器，要进行阅读、表演与创编，强调体会作品的思想性、艺术性和民族性。考虑到学生的年龄较小，教师可以采取生动活泼的教学形式激发学生的兴趣。

第一节　课程目标 ………………………………………………………… 6
第二节　课程实施 ………………………………………………………… 7
第三节　课程评价 ………………………………………………………… 10

第三章　一年级下学期 …………………………………………………… 12

在这一阶段，学生应学会模唱歌曲，并能改正在演唱时的错误，体会音乐的情绪。在教学中，学生可以模仿小动物的神态和动作，以提高自己的观察力、记忆力、表现力，养成善于观察的好习惯。

第一节　课程目标 ………………………………………………………… 12
第二节　课程实施 ………………………………………………………… 13
第三节　课程评价 ………………………………………………………… 16

第四章　二年级上学期 …………………………………………………… 18

学生在这一阶段初步接触唱名、五线谱、音名。教师在加大乐理知识讲解的同时，应让学生多练，及时更正演唱中出现的错误。

第一节　课程目标 …… 18
第二节　课程实施 …… 19
第三节　课程评价 …… 23

第五章　二年级下学期 …… 26

学生在这一阶段能简单地描绘出歌曲的意境，能够听出乐曲的速度、力度和情绪上的变化。

第一节　课程目标 …… 26
第二节　课程实施 …… 27
第三节　课程评价 …… 31

第六章　三年级上学期 …… 35

学生在这一阶段主要学习使用钢琴演奏音名，认识五线谱，注重音乐知识和技能的训练，以培养表现能力、审美能力、创造能力，提高艺术素养和音乐素质。

第一节　课程目标 …… 35
第二节　课程实施 …… 36
第三节　课程评价 …… 39

第七章　三年级下学期 …… 43

在这一阶段，学生能初步了解我国民族的音乐语言，热爱祖国的音乐艺术，接触外国的优秀作品，初步掌握基本的音乐知识和技能，培养初步的唱歌表现能力以及对音乐的感受能力和鉴赏能力。

第一节　课程目标 …… 43
第二节　课程实施 …… 44
第三节　课程评价 …… 48

第八章　四年级上学期 …… 51

本学段，在“识谱”的要求上，开始要求学生结合键盘位置认识音阶中的七个音，并试着填唱名、学唱字母谱和编创简单旋律。

第一节　课程目标 …… 51
第二节　课程实施 …… 52
第三节　课程评价 …… 55

第九章　四年级下学期 ······ 59

本学段要求学生理解3/8、6/8拍号的含义，懂得六拍子的强弱规律，学习其指挥图式，学习三连音，切分音，认识速度标记，认识保持音记号等。

第一节　课程目标 ······ 59
第二节　课程实施 ······ 60
第三节　课程评价 ······ 63

第十章　五年级上学期 ······ 66

本学段要使学生能全面地体会到不同的审美意识。教师在教学过程中主要以歌唱为主，在此基础上，学生能进行歌曲的创编及与他人的合作。

第一节　课程目标 ······ 66
第二节　课程实施 ······ 67
第三节　课程评价 ······ 71

第十一章　五年级下学期 ······ 74

本学段，教师在指导学生有表情、自信地演唱的基础上，进行有关爱国主义的教育以及体验各种生活的乐趣，提高学生的思想认识。

第一节　课程目标 ······ 74
第二节　课程实施 ······ 75
第三节　课程评价 ······ 78

第十二章　六年级上学期 ······ 81

本学段，教师应引导学生对音乐的整体感受，丰富教学曲目的体裁、形式，增加乐器演奏及音乐创造活动的分量，以生动活泼的教学形式和艺术的魅力吸引学生。

第一节　课程目标 ······ 81
第二节　课程实施 ······ 82
第三节　课程评价 ······ 85

第十三章　六年级下学期 …… 88

本学段，教师要充分挖掘音乐作品的艺术内容和情感内涵，发挥音乐作品的艺术魅力，创造性地设计生动活泼的教学形式，以激发、培养、发展学生的音乐兴趣及爱好。

第一节　课程目标 …… 88
第二节　课程实施 …… 89
第三节　课程评价 …… 92

附录：单元主题课程实施（以人教版音乐课本为例）对照表 …… 95

小学美术单元整体课程实施与评价

第一章　课程概述 …… 99

美术课程要增强人文色彩，注重塑造学生正确的价值观，陶冶其情操，完善其人格，提高其审美素养和审美能力。

第二章　一年级上学期 …… 104

本学段，学生第一次接触正规化的美术课。教师可选择富有儿童情趣的教学内容，采用生动活泼的游戏教学形式让学生在不知不觉中激发学习美术的兴趣。

第一节　课程目标 …… 104
第二节　课程实施 …… 105
第三节　课程评价 …… 108

第三章　一年级下学期 …… 109

学生在这一学段对美的事物产生兴趣，有初步感受美的能力，对于想象画、命题画有较大的兴趣，能根据自己的感受大胆描绘。教师可充分利用各种现代化的教学手段，激发学生的学习欲望，使学生在快乐中学习。

第一节　课程目标 …… 109
第二节　课程实施 …… 110
第三节　课程评价 …… 112

第四章　二年级上学期 …… 114

在这一学期，使学生初步认识形、色与肌理等美术语言，学习使用各种工具，体验不同媒材的效果，能通过看看、画画、做做等方法表现观点或感情，有一定的色彩基础，对美术也有着浓厚的兴趣。

第一节　课程目标 …… 114
第二节　课程实施 …… 115
第三节　课程评价 …… 117

第五章　二年级下学期 …… 119

在本学期，教师要在激发学生学习兴趣的同时，考虑到学生个性发展和知识技能两方面的需要，循序渐进地传授基础知识和基本技能。

第一节　课程目标 …… 119
第二节　课程实施 …… 120
第三节　课程评价 …… 122

第六章　三年级上学期 …… 124

该年龄段的学生想象力丰富、大胆，对想象画、记忆画有较强烈的表现欲望，色彩表现力强，同时表现出对工艺制作的喜欢。

第一节　课程目标 …… 124
第二节　课程实施 …… 125
第三节　课程评价 …… 127

第七章　三年级下学期 …… 129

本学段，学生以个人或集体合作的方式参与各种美术活动，尝试各种工具、材料和制作过程，学习美术欣赏和评述的方法，丰富视觉、触觉和审美经验，体验美术活动的乐趣，获得对美术学习的持久兴趣。

第一节　课程目标 …… 129
第二节　课程实施 …… 130
第三节　课程评价 …… 133

第八章　四年级上学期 …… 135

本学段，教师在强调趣味性的美术学习的同时，设计内容要贴近学生的生活经验，强化学生美术学习的兴趣。

第一节 课程目标 …… 135
第二节 课程实施 …… 136
第三节 课程评价 …… 138

第九章 四年级下学期 …… 139
本学段，教师要帮助学生认识和使用常用色和点、线、面，了解基本美术语言的表达方式和方法。
第一节 课程目标 …… 139
第二节 课程实施 …… 140
第三节 课程评价 …… 143

第十章 五年级上学期 …… 145
在本学段，教师应继续保持学生对美术的学习兴趣，并在此基础上，给予学生适当的指导，让他们在接触初步的美术知识的同时，感受到美术更大的魅力。
第一节 课程目标 …… 145
第二节 课程实施 …… 146
第三节 课程评价 …… 149

第十一章 五年级下学期 …… 150
本年级学生对美术课兴趣浓厚，并具有较好的绘画基础和对各种材料综合运用能力，其中对绘画材料的运用能力较强。
第一节 课程目标 …… 150
第二节 课程实施 …… 151
第三节 课程评价 …… 153

第十二章 六年级上学期 …… 155
本学段，教师要更加侧重对美术文化的学习和渗透，加强学生对知识的综合运用能力，感受美术所带来的乐趣。
第一节 课程目标 …… 155
第二节 课程实施 …… 155
第三节 课程评价 …… 158

第十三章　六年级下学期 …………………………………………… 160

本学段，教师要继续引导学生发展对美术的兴趣，并要继续培养他们良好的绘画习惯。

第一节　课程目标 ……………………………………………………… 160
第二节　课程实施 ……………………………………………………… 160
第三节　课程评价 ……………………………………………………… 163

第十四章　阅读与欣赏教学案例 ………………………………………… 164

通过对齐白石及凡·高的介绍及其作品分析，让学生体会艺术家的个人魅力，发现经典作品的美，从而保持对美术学习的热情与兴趣。

第一节　艺术大师齐白石 ……………………………………………… 164
第二节　印象派代表人物凡·高 ……………………………………… 170

第十五章　综合实践活动教学案例 ……………………………………… 174

本学段，通过具体的活动，学生既可以吸取他人的经验和教训，也可以发现自己在创作中出现的问题并加以解决，培养解决问题的能力。

第一节　指偶表演 ……………………………………………………… 174
第二节　手工小制作 …………………………………………………… 175
第三节　秋天的诗 ……………………………………………………… 179

附录 1：单元主题课程实施（以人教版教材为例）对照表 ………… 182

附录 2：三年级单元整体教学案例——卡通画 ……………………… 183

附录 3：六年级单元整体教学案例——中国画 ……………………… 188

小学形体单元整体课程实施与评价

第一章　课程概述 ………………………………………………………… 199

形体训练本身是一种艺术欣赏活动，这种训练不仅仅是让学生做几个姿势或动作，而是让学生接受美的教育，形成美的动作、美的造型、美的线条。

第二章　课程实施案例 …………………………………… 203

本章按各个年级，分上下学期，分为 12 节。内容涵盖每个学期学习的具体内容以及评价。通过学习，学生可以形成良好的站姿、坐姿等，增强肢体的灵活度，追求美，感悟美，最终发现自己的美。

第一节　一年级上学期教学案例 …………………………… 203
第二节　一年级下学期教学案例 …………………………… 205
第三节　二年级上学期教学案例 …………………………… 207
第四节　二年级下学期教学案例 …………………………… 208
第五节　三年级上学期教学案例 …………………………… 211
第六节　三年级下学期教学案例 …………………………… 213
第七节　四年级上学期教学案例 …………………………… 214
第八节　四年级下学期教学案例 …………………………… 215
第九节　五年级上学期教学案例 …………………………… 215
第十节　五年级下学期教学案例 …………………………… 216
第十一节　六年级上学期教学案例 ………………………… 217
第十二节　六年级下学期教学案例 ………………………… 218

第三章　阅读与欣赏课程 …………………………………… 219

舞蹈作品阅读与欣赏课在形体课程中还是一项空白，通过舞蹈作品的阅读或欣赏来丰富形体课，可以开阔学生视野，也能提高学生舞蹈方面的欣赏水准和审美能力。

第四章　综合实践活动课程 ………………………………… 223

综合实践课本着以学生为主体的理念，让学生参与到实践中来，将舞蹈与音乐、诗歌联系起来，开发学生的创作潜力，激发学生的创作欲望与兴趣，也能令学生记忆深刻。

附录 1：三年级单元整体教学案例——音乐之声 ………… 226
附录 2：五年级单元整体教学案例——古诗新唱 ………… 231
后记 ………………………………………………………… 235

总论：从单元整体教学到单元整体课程

李怀源

一点点种子
一点点泥土
一点点整理
一点点这个那个
一点点阳光
一点点雨水
一点点等待
然后——
一朵小花！

笔者所在学校总结和提炼的“小学语文单元整体教学”就像是一朵小花，经过了长时间的孕育，终于以生命的姿态绽放在学校这片土地上。

山东省德州跃华学校自2002年7月建校以来，经过7年的实践与探索，确定了“小学语文单元整体教学”的教学方式，我校编写的《小学语文单元整体教学构建艺术》一书于2009年10月出版。这本书，是对我们几年实践探索的总结，并对单元整体教学的沿革进行了梳理，对单元整体教学的概念进行了界定。在书中，我们给读者提供了教学设计和教学实施案例。可以说，自这本书出版后，更多的小学语文教师开始关注“单元整体教学”，并开始在自己的课堂上进行摸索和实践。

自2010年起，我们开始尝试把“单元整体教学”的理念运用到其他学科。其他学科的老师也阅读了《小学语文单元整体教学构建艺术》一书，在实践中，他们边领会边尝试。于是，我们就有了构建“单元整体课程”的想法。

2010年暑假，在曾经编写的《小学课程改革与实施方案》（2008年11月）的基础上，编写了小学各学科的单元整体课程实施与评价方案。2011年暑假又进行了修订，2012年寒假又进行了再次修订。至此，才有了小学单元整体课程实施与评价的系列丛书的大概框架。这套书是由主编提出编写框架，一线教师经过多次讨论交流、实施、修改才最后定稿的，虽然现在它不够成熟，但是，它是我们目前的最新研究成果，对我们而言，它虽然不是最好的，却是最实用的。

2011年12月在天津举办的“未来教育家论坛”上，我以《以课程建设促进学校和谐发展》为题在大会上作了发言，当时，担任点评嘉宾的华东师范大学的杨小微教授赞赏地说：“一所学校能有自己的课程框架是很了不起的，德州跃华学校的课程建设开出的不只是一朵小花，而是遍地的迎春花，开出了一片灿烂与金黄。”

一、“小学语文单元整体教学”的特征及实施情况

小学语文单元整体教学以单元为基本的教学单位，以整合为基本的教学理念，以探究式学习为基本的学习方式，分为三部分：教科书教学、读整本书、语文实践活动。其中，教科书教学又分为四个模块：预习（1课时）；理解内容、体会感情（2课时）；领悟表达、欣赏评价（2课时）；口语交际与习作（2课时）。前三个模块完成教科书课文的教学。在每个模块的学习内容的安排中都把一个单元中的课文作为一个整体来进行教学，通过某个点建立课文之间的联系。

小学语文单元整体教学，以教科书教学为起点，以读整本书为桥梁，以语文实践活动为路径，最终实现提高学生语文能力的目标。教科书教学以能力点整合教科书课文，改变传统的“内容分析”模式为学生的讨论探究，把课文学习的落脚点放在了让学生学习语言文字的运用上，也因此，我们在“理解内容、体会感情”模块后，增加了“领悟表达、欣赏评价”这一个模块。

下面以人教版小学语文五年级下册第二单元“永远的童年”的教学为例，来看看小学语文单元整体教学的实施。本单元包括《古诗词三首》《冬阳·童年·骆驼队》《祖父的园子》《童年的发现》《儿童诗两首》五篇课文。其以“童年”作为基本的组合点，以古诗词、儿童诗、记叙文等文体形式，表现了不同时代、不同人的童年。根据单元特点和我们的教学理念，我们让学生选读高尔基的《童年》，然后以此为基础进行读书交流活动，最后开展以“我的童年”为主题的语文实践活动。

本单元的教学设计是在让学生感受童年的基础上，基于“学习能力”和

“学习策略”来进行设计。其目的在于让学生在了解他人故事的同时，还能领悟到该如何表达自己。教科书教学模块中的预习版块，让学生整体感知单元主题，并提出自己不能理解的问题；理解内容版块，以解决学生疑难为主要目的，并让他们体会每篇课文所表达的情感；领悟表达版块，让学生了解用不同的方式来描写童年，体会各种表达方式的不同，对语言进行推敲和欣赏；口语交际和习作版块，让学生回味自己的童年，然后与同学交流，让学生以合适的方式来表达自己。读整本书交流模块，在学生阅读完《童年》这本书之后组织他们相互交流，让他们了解不同的童年经历，感悟不同的童年，体会更复杂的叙事结构。语文实践模块，以表现“我的童年”为主线，让学生用语文的方式表达自己的童年，在习作基础上鼓励更多样化的表达，可以采用写诗歌、写散文、绘制图画书等多种形式。

小学语文单元整体教学以传统语文教育经验为起点，以培养学生语言文字运用能力为着力点，以提高学生的语文素养为落脚点。小学语文单元整体教学在实践的基础上创新语文教学模式，整合语文教学资源，优化语言学习过程，注重语言积累运用，强化语言实践，服务实际教学，立足长远发展。实践证明，小学语文单元整体教学能够改变和提高语文课程实施的效益，促进学生思维、语言与情感的整体发展。

二、“单元整体课程”的领域及概念界定

在单元整体教学过程中，师生的学习有了可选择性，教师能根据语文学习的需要进行相关的教与学活动。当然，在此过程中教师对教学的安排也有很大的局限性，如教师在实施单元整体教学时要以教科书为起点，对教科书依赖性比较强，教科书的编排体系及质量制约着学生的学习。此外，单元整体教学又有不确定性，如在“读整本书”材料的选择上，教师主要还是根据教科书单元的主题进行选择，如果对学生语文能力把握不准，读整本书的教学就无法确保学生语文能力的提高。

“单元整体课程”的提出，能够突破单元整体教学的限制。

作为课程框架，我们把单元整体课程分为四个领域：文化课程（包括语文、数学、英语、科学、信息技术）、艺术课程（音乐、美术、形体）、体育课程、生活课程。这四个领域虽然相互之间有所交叉，但是经过这样划分之后，教师在执教的时候能够有所侧重。

“单元整体课程”是以“单元整合”为基本理念的框架体系。

“单元”是课程内容，也是教学单位，根据“单元”的要求选择教学内

容、实施教学。

“整体”作为名词，是“整个的一体”，作为动词是“整合为一体”，在课程内容的组织上是“整个的，一体的”，在课程实施和课程评价的过程中是“整合为一体的”。

“课程”是一种框架体系，是教师进行教学的一个框架。“单元整体课程”首先是思维框架，其次是内容框架。思维框架与内容框架相互支撑，内容框架影响了思维框架，思维框架影响了行为模式，决定了教与学的关系。

“单元整体课程”以学生学习能力和学科能力为基本的整合点，把“教科书教学”“读整本书”“学科实践活动”融合在一起，既包含课程内容的选择，又包含课程的实施与评价。

“单元整体课程”以学生能力的自我建构为学习的主要方式，在实施的过程中，教师要避免陷入“功利性”的教育误区，充分尊重学生的主体性。“单元整体课程”坚持能力导向、能力整合，而非能力至上。

三、“单元整体课程”的框架体系

“单元整体课程”以提升学生能力为核心进行统筹设计，确定了“课程目标”“课程实施”“课程评价”的基本结构，每一部分都包含“教科书”“读整本书”“学科实践活动”这三种教学模块。

（一）课程目标

单元整体课程的整个课程架构是按照学期来进行划分的。单元整体课程的课程目标设计，是在修订版课程标准的基础上，结合教学实际情况，把课程目标进行了细化和具体化，并按照小学6年12个学期的方式进行编排。这样，每个学期的课程目标、课程实施、课程评价都一一对应起来了。

对课程目标进行细化和具体化，对一线教师而言，他们能够更加清楚地把握教学目标，弄清楚各个年段的教学特点，不至于出现“铁路警察各管一段”的情况，也不至于让所有年段的老师都按照一样的目标来教学，而应该是，不管是哪个老师来教，都能够让学生达到相应的要求。目标的细化，既突出了阶段性，也突出了整体性，能让所有教师都能够看到小学阶段的最终目标，这样，在实际教学中，教师就能够准确定位某个单元、某个课时的教学，而不至于出现千篇一律的情况，也不至于使教学偏离目标。

确定课程目标，需要从四个方面入手：一是学习能力，二是学习习惯，三是学习策略，四是学习量。如在小学语文“读整本书”的课程目标中，不但在数量上做了规定，在学习习惯上做了规定，更重要的是在不同的年段都对阅读策略和阅读能力做了不同的要求。

一年级上学期

1. 学习用读文字和看图画两种方法了解故事的内容。

2. 在读图画书的过程中在适当的地方停下来，培养猜读能力和想象能力。

二年级上学期

1. 能够运用一年级掌握的方法阅读图画书。能够理解阅读内容，有自己的情感体验，并乐于与同伴分享。

2. 能够借助拼音或读物中的图画细节阅读浅显易懂的童话、寓言、故事。

三年级上学期

1. 具有对原文进行复述、解释的能力。

2. 了解童话大意和主人公。能讲述感兴趣的情节，能就自己喜欢的人物做简单的交流，锻炼重整、评鉴的能力。

四年级上学期

1. 能够对书中未解决的问题进行推测，并能从书中找出证据支持该推测。

2. 能利用绘画、读书单等方式对传记和说明性书籍进行分析，解释，从整体上把握一本书。

五年级上学期

1. 依据不同的文体，运用不同的阅读策略（分享式、主题式、团体讨论、聊书等），培养独立阅读的能力。

2. 在阅读中，能从篇章中的各处提取特定的信息，并对其进行重整。从不同的角度概括信息。

六年级上学期

1. 理清小说中角色之间的关系，进行角色分析。对于角色的每一个确定的显著特点，能从故事中找出支持这个特点的证据。

2. 阅读人物传记、科普类作品，了解这些作品的特点。能运用略读、快速通读的方式来确定文章的主题思想，运用浏览的方式找到具体的事实或细节，例如，关键词、日期、名字或具体问题的答案。

以上所举的例子，可以从 6 个学期的目标中看出目标的细化和具体化。该目标细化了课程标准中的策略方法，如阅读不同文体的方法；具体化了课程标准中的学习能力，如推测猜想的能力等。这样的划分，适应了不同年段的不同教学要求，并且各年段的目标能够相互联系。

当然，受编写水平的限制，我们对某些目标描述得还不够准确。因为要强调目标的可测性，所以对情感态度价值观的目标表述并不多。不过，在实际的教学中，因受教学材料、教学过程的影响，情感态度与价值观的教育是不会少的，因此，情感态度价值观的目标与实际教学不会剥离开来。

（二）课程实施

在课程实施部分，以某一学期的某个单元为例，我们对其进行了教科书教学设计、读整本书教学设计、学科实践活动教学设计。这三个部分是作为单元整体来考虑的，是按步骤实施的。语文、数学、英语这三个学科虽然具体的实施步骤不一样，但是，它们的单元整体教学的思路是一样的，各部分的划分也是一样的。

在实际的教学中，每个学科都已经确定了低、中、高年段的教学设计模板，在现阶段，教师只要按照这样的模板进行设计和教学便可。这些设计在设计环节上是简约的，每个环节都有设计说明，说明其设计的目的以及操作的形式。这样的设计，就是要让教师不仅知道怎么教，而且知道教到什么程度和为什么这样教。事实证明，这样的设计不但能使教学目标更加清晰，而且能使教师对学习进程把握得更准确。

下面通过数学和英语的教学设计模板来说明该课程设计是如何实施的。

1. 数学单元整体教学模板

总体构想

一、教科书教学

模块一：基础探究（基础课；思想、方法的引导课）；

模块二：深化探究（利用迁移、转化等思想的后续课）；

模块三：应用探究（练习课、整理复习课）。

二、读整本书教学

让学生结合单元所学内容搜集相关资料以对其进行补充、深化，或让学生补充阅读一些与他们的思维程度相匹配的读物，以拓展学生的知识面、锻炼学生的数学思维、提高学生的理解能力。

三、数学实践活动教学

设计与学生生活联系密切的活动，让学生经历一个小课题的探究过程，培养学生的动手能力、观察能力、分析能力、数学思维等。

学习目标：包括教科书教学目标、读整本书教学目标、数学实践活动教学目标。

学习过程：略。

第×册第×单元教科书教学设计

模块一　基础探究

结合对整个单元的理解，按详细的流程对划分在基础探究板块的内容（一课时或几课时）进行备课。

模块二　深化探究

在模块一的基础上，注意利用迁移、转化等思想来设计课程，在设计的时候，要注重将探究的主动权放给学生。

模块三　应用探究

练习课及整个单元的复习整理，对学生而言这是他们运用已有经验进行再次探究的过程。

第×册第×单元读整本书教学设计

阅读材料用“读一读”“议一议”“想一想”“试一试”“画一画”“连一连”等这样的三字词语呈现给学生，让学生在阅读的同时，动脑思考、动手实践。

第×册第×单元数学实践活动教学设计

将实践活动设计成小课题探究形式的活动，培养学生的数学思考、实践能力。

2. 英语学科教学设计模板

一、二年级

总体构想：主题、内容、课时和策略。

本单元的主题是（　　）。本单元包括（　　）模块，并分为四个教学板块。

板块一：单词（2课时）　感悟，认知。

板块二：句子（2课时）　创设情境。

板块三：课文（4课时）　小组协作。

板块四：实践（1课时）　角色扮演，情景对话。

三、四年级

总体构想：主题、内容、课时和策略。

本单元的主题是（　　）。本单元包括（　　）模块，并分为五个教学板块。

板块一：单词（2课时）　活动操练。

板块二：句子（2课时）　创设情境。

板块三：课文（3课时）　小组协作。

板块四：阅读（1课时）　指导性阅读。

板块五：实践（1课时）　语言游戏，诗歌朗诵，角色扮演。

五、六年级

总体构想：主题、内容、课时和策略。

本单元的主题是（　　）。本单元包括（　　）模块，并分为五个教学板块。

板块一：单词（1课时）　活动操练。

板块二：句子（2课时）　创设情境。

板块三：课文（3课时）　自主探究，小组协作，复述。

板块四：阅读（1课时）　指导性阅读和思考活动。

板块五：实践（1课时）　情境对话，角色扮演，书面表达。

设计模板并没有把所有的项目都列出，教师可以根据课程目标、教学实践，对所要教的单元进行统一规划，将其分为教科书教学、读整本书教学、学科实践活动教学三部分来实施。这样，教师的教学在统一的要求下就可以有自己的变化与特色了。

（三）课程评价

课程评价部分主要包括过程性评价和终结性评价。

过程性评价多以表格的形式呈现，包括个人自评、小组互评、教师评价三种形式。我们把学生个人评价放在第一位，要求学生在每一门学科的学习上都对自己的学习过程、学习习惯、学习能力进行评价，让他们通过这样的评价养成反思的习惯，形成主动学习的能力。评价内容以学科能力和学习习惯为指标，这些学科能力和学习习惯是学生自己能够把握的，因此，把可检测、可操作的内容放在这里，可以增加学习评价的有效性。

终结性评价是以“样题”的形式来呈现的。在实施的过程中，我们是以

"现场测试"和"纸笔测试"相结合的方式来进行的。比如，对于语文测试，考查朗读、背诵；对于英语测试，考查口语交流。在这里只呈现纸笔测试的内容，这些内容以考查学生的学科能力为主，如语文的听力、阅读能力、习作能力，数学的探究能力、思维能力等。这是我们正在尝试的一种方式，在这样的评价里，每个题目后面都附有设计说明，以说明考查的目的和指标。

只通过某个单元的呈现来反映整个框架体系的全貌和优势是不可能的，为此，我们设计了整个小学阶段的课程实施体系，在此，因为篇幅的限制不能一一呈现。

关于课程内容的选择，在每本书的后面都附有教科书教学单元、读整本书和学科实践活动对照表以供参考。以教科书教学单元为起点，我们补充了读整本书的设计和学科实践活动的设计，在表中为读者提供了书目和学科实践活动的名称，这样该体系看起来就更加完整、清晰了。

这些设计也不是静止不变的，随着教学的推进，教师可以不断地对它进行调整。语文的体系设计，就是在《小学语文单元整体教学构建艺术》一书的基础上，结合"中国小学生基础阅读书目"，对其中的单元整体教学的相应书目进行了较大调整后得出来的。

四、"单元整体课程"的推行与落实

课程体系只是教师实施课程的框架，由于现实的教学会受到很多条件如教学时间、教学对象、教学评价等的限制，同时，在单元整体课程的框架体系内，如何去操作，也会受到教师个人素质的影响。因此，在编写课程实施与评价方案时，我们对其进行了一些规划和设计，以保证单元整体课程在学校范围内能够落实。如果说，通过编写课程实施与评价方案能够解决教师的理念问题，通过教学设计模板能够解决教师的教学设计问题，那么以下所做的工作就保证了课程的实施。

（一）把课程固定在课程表上

课程表是学校实施课程的依据，排在课程表上的课必须落实到课堂、落实到学生身上。教科书教学在实际的教学活动中有自己的位置，为了区分课型，我们把每个学科的读整本书和学科实践活动排进课程表，以保证相关的课程可以得到实施。

具体的实施办法：

1. 阅读与欣赏课

为了区分所有的阅读与欣赏课，每个学科的阅读与欣赏课的表示办法如下：语文/阅读与欣赏；数学/阅读与欣赏；英语/阅读与欣赏；其他学科依此类推。

2. 语言课

为了解决教师在语文课和英语课的教学中容易因局限于文本内容而忽视语言的运用这一问题，我们把语文课和英语课的相关部分作为语言课，其具体表示如下：汉语/语言；英语/语言。

3. 技能课

艺术与体育等学科是在对学生进行相关素养培养的前提下，再对他们进行相关技能的训练，只需在课程表中显示学科名称便可，如：体育。

4. 实践课

我们把学科实践活动进行了划分，分为语文实践活动、数学实践活动、英语实践活动、科学实践活动等。

5. 校本课程

我校在统一的时间为学生开设了多种校本课程，如电钢琴、民乐（二胡、古筝、琵琶）、舞蹈、乒乓球、网球、轮滑等，其在课程表中标注为校本课程。

6. 写字、晚自习、日记

我校是寄宿制学校，因此，我们为学生统一安排了每天的“写字时间”“日记时间”“读书时间”等，在课程表中，其不单独标注学科名称，统一标为“日记”“晚自习”等。

以下是各个学科的课时及课型分配表（分别见表1、表2、表3、表4、表5、表6）：

表1　语文课时及课型分配表

年　级	听　记	语　言	阅读与欣赏	口语交际与习作	识字、写字	实践活动	日记（讲故事）	晚自习
1～2年级	1节/周	5节/周	1节/周	2节/周	1节/周	1次/周	2次/周	2次/周
3～6年级	1节/2周	3节/周	2节/周	2节/周		1次/周	2次/周	2次/周

表2　数学课时及课型分配表

年　级	数　学	阅读与欣赏	自　习	实践活动	日记（讲故事）	晚自习
1～2年级	7节	1节/周	1节/周	1次/周	2次/周	2次/周
3～6年级	4节	1节/周	2节/周	1次/周	2次/周	2次/周

表 3　英语课时及课型分配表

年　级	听力与口语	语　言	阅读与欣赏	日记（讲故事）	晚自习
1～2 年级	1 节/2 周	2～3 节/周	1 节/周	2 次/周	2 次/周
3～6 年级	1 节/2 周	3～4 节/周	1 节/周	2 次/周	2 次/周

表 4　科学课时及课型分配表

年　级	知　识	实践操作	阅读与欣赏	校本课程
3～6 年级	1 节	1 节/周	1 节/4 周	14 节/2 周

表 5　音乐、体育、美术、形体、信息技术课时及课型分配表

年　级	技　能	阅读与欣赏	校本课程
1～6 年级	1～2 节/周	1 节/4 周	14 节/2 周

表 6　班会课时及课型分配表

年　级	《品德与生活》《品德与社会》教科书教学	主题活动	心理体验式活动
1～6 年级	1 节/周	1 节/2 周	1 节/2 周

班级课程表（见表 7）：

表 7　五年级一班班级课程表

<table>
<tr><th colspan="2">星期
节次</th><th>星期一</th><th>星期二</th><th>星期三</th><th>星期四</th><th>星期五</th></tr>
<tr><td colspan="2">早　读</td><td>语　文</td><td>英　语</td><td>语　文</td><td>语　文</td><td>语　文</td></tr>
<tr><td rowspan="4">上
午</td><td>1</td><td>语文
听记</td><td>阅读与欣赏（数）</td><td>语　文</td><td>数　学</td><td>阅读与欣赏（英）</td></tr>
<tr><td>2</td><td>数　学</td><td>语　文</td><td>数　学</td><td>语　文</td><td>数　学</td></tr>
<tr><td>3</td><td>英　语</td><td>科学实践</td><td>英　语</td><td>体　育</td><td rowspan="2">口语与习作</td></tr>
<tr><td>4</td><td>钢　琴</td><td>美　术</td><td>音乐
阅读与欣赏</td><td>英语
听力与口语</td></tr>
</table>

续表

节次＼星期		星期一	星期二	星期三	星期四	星期五
午休						
下午	1	体育／阅读与欣赏	阅读与欣赏（语）	微机	自习（数）	美术／阅读与欣赏
	2	形体／阅读与欣赏		微机／阅读与欣赏	科学／阅读与欣赏	自习（数）
	3	校本课程	数学实践	校本课程	语文实践	校本课程
晚饭						
晚自习	1	日记（数）	日记（英）	日记（数）	日记（语）	日记（语）
	2	自习（数）	自习（英）	自习（数）	自习（语）	自习（语）

我校提倡进行全学科的阅读和写作，每个学科的老师都要安排学生写日记，所以日记时间又分为语文日记、数学日记和英语日记。数学日记分为记叙类、反思类、想象类日记。英语日记要求学生能够用英语表现身边的生活。音乐、美术、体育等学科也尝试着让学生用各种方式来表达自己的思想，音乐有创编乐曲、写歌词等活动，学生可以结合钢琴课来创作和表现自己的作品，在体育课上学生可以创编游戏、制订规则等。

通过参与多种方式的阅读与表达活动，学生对自己的学习目标了解得更清晰了，在学生看来学习不只是为了考试，也不只是为了未来的美好生活，同时也是为了现在就可以表达自己的观点、表现自己的创造力，学生学得越多，表现起来就越容易。

（二）把课堂教学定位在研究的角度上

把所有的课型定位在课程表上只是课程实施的第一步，通过教学督导等方式，学校可以具体了解教师对课程表的执行情况。但是，这并不能解决教师的教学水平较低问题。因此，在现实的教学中，我们每个学期都会举行教学展示活动以供教师展示自己的教学水平。

每个学期学校会先确定展示的方向：展示学生、展示思想、展示个性。然后由每个教研组根据单元整体课程推进的情况确立重点，确定展示教科书教学、读整本书教学、实践活动教学中的某一类，如探究式学习方式的研究等。根据研究重点，第一轮开展研讨课，先由一个年级的教师来执教，教完后教研组开研讨会对其进行研讨，并从中发现问题、确定标准。第二轮是展示课，所有教师根据研究重点设计课程并自我展示，然后根据该展示课进一步开展研讨活动。第三轮是提升课，教师根据前两轮的研讨成果，再次对课程进行设计和实践。

这种研讨的氛围，让教师在每个学期都能突破某个重点，而这个重点又是教师在单元整体课程的实施过程中必须面对的。这种教学与研究相结合的方式，让整个教研团队真正成为“教、学、研”一体的团队，也让课程理念一步步地变为教学现实，它为师生带来了很大的变化，也给了一线教师极大的鼓舞。

我校“小学语文单元整体教学”的实施逐渐引起了一线教师的关注，每个学期都有不少其他学校的同行和学科专家到我校来进行交流。以此为契机，我们为他们提供实际操作的课例，然后听取同行和专家的意见和建议，课程体系中很多方法的产生、形成、定型，都离不开这些来访者的参与。

为了与更多志同道合者共同进行研究，我们建设了“单元整体课程与教学研究网”（www. dyztjxw. com），方便及时发布研究成果，让教师有成就感，也听取来自不同方面的声音，及时进行改进。

（三）单元整体课程全学科推进

任何一所学校都不可能单靠某个学科的“特色”而生存。一所学校的健康发展必然以学科的整体发展为基础，单元整体课程的“整体”观念不只存在于某个学科，它还包含全部学科。全部学科是另一个意义上的整体。

在小学语文单元整体教学的基础上，我们把单元整体教学的理念推广到了数学和英语学科。我们对数学学科的教学提出了阅读欣赏和数学实践的目标，这样数学教师就不只是在教教科书，而是还要考虑数学阅读和数学实践活动的安排。我们对英语学科的教学提出了整合教科书的单元的要求，要求教师根据教学的需要，把教科书中的单元进行合并，把原有的2～3个模块合并为一个单元，将单词、句型、对话等整合起来再进行教学，另外还要增加英语的读整本书和英语实践活动。

在数学和英语学科的课程推广取得观念认同和实践探索成果的基础上，我们将其继续推广到科学、音乐、体育、美术、信息技术等学科领域。我们要求每个学科的教师在进行教学的时候都要有单元概念，整体地对课程进行设计，要考虑到阅读欣赏和学科实践。这些学科的教师对教科书的依赖性较小，教师有更大的操作空间，所以，单元整体课程的推广在这些学科取得的进展更大。

学校教育不只是学科教学，它还包括生活教育和道德教育。我们根据学校寄宿制的实际情况，编写了在生活区开展生活课程实施与评价的方案，对学生的生活习惯、生活信念、生活能力进行了目标划分，确定了实施方案。对小学 6 年的班会课程，也都按照单元整体课程的方式进行了设计、统筹规划，计划从教科书教学、主题班会、心理体验式活动 3 个角度来实施该课程。

（四）对单元整体课程实施情况的评价

对单元整体课程实施情况的评价将影响到课程实施的深度和广度。一线教师和家长的关注焦点本来就落在学生的成绩上，如果单元整体课程的实施不能解决相关问题，那么它的推广实施势必会遇到来自于学生、家长、教师层面的阻力，最终将使单元整体课程成为美好的梦想而永远不能变为可喜的现实。

1. 发挥家长会与家长委员会的作用

在全体家长会上及时向家长报告学校课程改革的成果，提醒家长要看到学生身上的变化，比如，要看到孩子在阅读兴趣、阅读量、阅读习惯、阅读能力、习作能力方面的提高等。要让整个社会都了解阅读的重要性，以此作为向家长宣传课程理念的突破口。此外，还要向家长介绍先进的教育理念，让他们了解真正的教育是为了人的发展，而不只是分数的提高。

定期召开家长委员会，就考试改革等内容和家长委员会的成员进行讨论，向家长委员会成员讲解命题的方向和原则，并向他们征求意见，让家长委员会的成员到校参与监考、阅卷的整个过程。

要从家长的角度评价学校课程实施的情况，只有让家长认同课程的理念及实施方式，认同其评价方式，才能使家长对课程的实施有实质性的支持。

2. 建立以学科能力评价为核心的考试体系

语文、数学、英语等以知识点的考查为特点的学科采取纸笔测试和现场测试结合的考查方式。纸笔测试应根据课程目标，用相应的材料测试以获得学生的学科能力。如在阅读能力测试中，就应学习国际阅读能力测试的优点，对学生的多学科阅读能力进行测试。

考试如何考，教师就如何教，因为考试偏重于考查学生的学习能力，所以教师在教学的过程中就不应该只是传授知识，不应该以机械训练为主，而应该以学生学习能力的提高为主。而学生的学科基础是学生学习的最直接的表现，这是教师和学生都不应忽视的。

对于音乐、体育、美术、信息技术、形体等学科，采取教师测试和学校抽测相结合的形式来考查学生。学科教师根据课程方案中的课程目标对学生进行测试，并给学生的学科综合能力打出等级。学校根据学生学科能力的等级进行抽测，对教师的测评进行检测，以保证学生学科能力的发展。

3. 过程性评价与终结评价相结合

学校建立了自主管理评价体系，并提倡学生“自主学习、自我管理、自能教育、自由发展”。

德育和生活教育是学校教育的重要内容，其以行为方式和习惯为评价指标。为了使评价常规化，学校专门制作了《家校联系簿》，以便对学生的生活习惯、生活能力、学习习惯、学习能力等进行评价。在学校，班主任和学科教师以评语的形式对学生在校的表现进行评价，而在家里家长也以留言的形式与教师进行交流。

《家校联系簿》让学生的坏习惯无处可逃，它使学生在学习过程中的点滴表现都能体现出来。这样，学生重视、教师重视，教师也会把注意力慢慢转向学生日常的学习生活，而不只是以期末考试成绩来衡量学生的能力和发展。

五、“单元整体课程”的理论基础

单元整体课程的形成与发展离不开教学实践，它是在教学实践中不断地生成、发展、变化和提升的。

仔细想想，那么多条路，为什么我们只选择了“单元整体”这一条？带着这个问题，我从哲学的角度进行了思考。

教育的哲学意义是为了人的未来，教育的社会学意义是为未来培养人。而这些势必以哲学和思维作为根基。人的思考要有基本的哲学基础和思维方式，而中国人的思考和实践的哲学基础和思维方式一定是中国式的。

（一）哲学观念——单元

我尝试着翻阅相关的哲学书籍，就在翻阅的过程中，一个个的“整体”和“整体性”跳了出来。这让我看到了根源，有了一种“认祖归宗”的喜悦。

> 中国哲学家特别重视认识世界与认识人自身的一致性。中国哲学家在处理思维与存在、人与世界的关系问题时，不大注意双方的对立方面，而特别重视双方的统一方面。正是由于这个原因，天人合一才成为中国古代哲学的基本思路。（宋志明）
>
> 汉民族思维的基本特征是它的整体性。“天人合一”的境界就是整体思维的具体表现。（朱志荣）
>
> 按照中国传统思维，人的存在是精神和肉体的统一，即“形神合一”“身心合一”的整体存在。……这种思维，在“天人合一”的

基本模式中，不可能形成外向型的理智思维，而是内向型的自反思维，即通过自我反思、自我体验、自我直觉和自我证悟，实现主体意识同自然法则的合一。……进而把自我和自然本体合二为一，构成了一个整体系统。（蒙培元）

“天人合一”是中国哲学的根源。“天人合一”是指人的内在与外在自然合一，形成一个整体。中国的哲学更重视“整体性”而忽略细节的分析，这也是中国哲学因重整体而混沌的根源。中国哲学重视“质”与“性”，重视从整体上感知外在事物。

从学习的角度来看，学习者要整体感知所学内容，然后进行整体的思考，将所学内容与自己的个人经验相结合，并且不断地把获得的经验纳入思维的整体框架之中，使学习真正产生意义。

单元整体课程以“单元”为基本的课程单位和教学单位，在这里，“单元”是作为一个“整体”而存在的，“单元”中的内容是以整体的形式呈现的，教师教学、学生学习，都先看到这个整体。一个“单元”就像一幅太极图，里面包含的内容是相互影响的。一个学期的学习又是一个大的“单元”，最后 6 年 12 学期构成了更大的“单元”。

在细化学习的过程中，通过部分之间的联系思考整体，再回到整体上来。首先是整体，然后才是部分，最后再回到整体，这符合中国哲学的观念。

（二）思维特点——整体

人生活在世界里，就像鱼生活在水里。人的所有行为活动都受哲学的支配。哲学就是一种思维方式，中国人的思维方式决定了中国人的生活方式、学习方式。

中国传统哲学思维，不是把人与自然、主体与客体对立起来，由此确立的中国哲学的主体思维，就其一般特征而言，是围绕人与自然界的关系而展开的。……就其基本指向而言，它是自我反思型的内向思维……就其基本定势而言，它是情感体验型的意向思维……就其基本程式而言，它是主体实践型的经验思维……就其终极意义而言，它又是自我超越型的形上思维，即超越感性自我，实现主客内外合一、天人合一的精神境界。

如果说，传统思维方式有一个最基本的特征，那么在我看来，这就是经验综合型的主体意向性思维。就其基本模式及方法而言，

> 属经验综合型的整体思维和辩证思维，就其基本程序和定势而言，是意向性直觉、意象思维和主体内向思维，二者结合起来，就是传统思维方式的基本特征。（蒙培元）

从这两段话，我们可以看出，中国传统思维方式的特征，就是整体思维和内向思维的结合，以个人的思考与对外在的整体感知结合在一起，形成对世界的认识。

> 传统思维是一种有机循环论的整体思维，而不是机械决定论的整体思维，这一点同西方古代的整体思维是有区别的。它把自然界看成是一个有组织的有机系统，构成这个整体系统的又有许多小系统，每个系统又由不同部分所构成，整个宇宙自然界就是由这样的部分所构成的系统化整体。（蒙培元）

单元整体课程强调课程内容的整体性，突出学习过程的整体性，突出课程评价的整体性，各部分之间又在一个整体之中。这种课程设计，符合中国人思维的基本特征。

> 整体结构作为思维的基本模式固然是在经验综合的基础上形成的，但是必须经过思维的飞跃或超越，才能进入整体，这就是直觉思维所要解决的。直觉思维是传统思维的重要特征。（蒙培元）

在单元整体课程的设计和实施的过程中，教师教的不仅是内容，更主要的是结构，是知识形成的结构，是学习过程的结构，是学习能力的结构，是学生学习习惯的自我建构。这种结构化的设计与实施与学生的思维特点相吻合，更有助于学生的学习。

中国人的思维是整体思维，这种思维的特点是在整体的基础上对事物进行分析和判断，形成思考的结果，不过分追求细节。

整体性思维更全面，更容易使人做出正确的判断。单元整体课程呈现给学生的是以单元为教学单位的整体。学生通过整体的材料，不断地回归整体，最终做出自己的思考和判断。

（三）学习方式——自我反思

中国人的思维具有强烈的实践特征和经验特征，重视个人的实践和经验，属于实践理性思维。这种思维方式体现在学习的过程中则为“内省式学习”，也就是自我反思式的学习。如朱子读书法中提倡的“熟读精思”“虚心涵泳”“切己体察”等。

传统的蒙学教育主要是对学生进行初步的道德行为训练和基本文化知识的教学，以识字、写字、背书为主。其每日的功课一般是背书、授新书、作对、写字、读诗，以及一系列的道德行为规范训练，这些训练以学生的积累和个人反思为主。

这种学习方式以学生自学为主，然而“独学而无友则孤陋而寡闻”，所以蒙学阶段结束以后，学生除了读书，还要相互讨论、与教师讨论等，不明白的问题要向老师请教。著名的白鹿洞书院、岳麓书院，就有这样的教学方式，学生先是自学，然后和学长探讨，最后才能问老师。“登堂入室”也是学习境界不断提升的佐证。提倡学生自学读书，师生质疑问难、商讨论辩，是南宋书院讲学的最突出的特点。

这种传统的学习方式，把人的主动性充分地发挥了出来，它使人明白，学习不仅要积累，而且要思考，思考才是学习的重要方式。不过，传统的学习方式又过于重视思考而轻视行动。

在单元整体课程的实施过程中，我们以探究式为主要的学习方式，把学生自学、小组讨论、师生研讨结合起来。在每个学科的教学中加入了学科实践活动，为学生搭建起了学科实践的平台。我校在现有阅览室、钢琴室、手工室、科学实验室的基础上，又建立了数学实验室、英语实验室，为学生的学科实践活动提供了场所，使学生既能够参与实践，又能够反思，并在此基础上不断地内省、不断地发展自我。

六、“单元整体课程”的未来发展

单元整体课程的形成，经历了“由教学到课程”的过程，这个过程相对比较漫长，从教学的细节走向课程的设想与构建，确实不容易。当我们真正站在课程建设的平台上才发现，其实所有的课程思想都应该来源于教育思想，课程的设计应该是教育思想的具体化。单元整体课程的框架已经形成，其在教学的实践中只不过是更加丰富和完善而已。

如果真的让单元整体课程具有生命力，还要经历“由课程到教育”的过程。我和我的团队应该在落实单元整体课程方案的同时，不被课程方案所限制，对教育理念进行更新和提升。任何课程理念都应该落实到学生身上，如果没有好的教育理念，课程的落实就会大打折扣。单纯为了落实课程往往是无力的，教师的教育理念，比如平等地对待学生，比如因材施教，比如不愤不启、不悱不发等都深刻地影响着课程的实施。

现在的单元整体课程走的是分化之路，学科的分化，学科中目标的分化，教学实施中教科书教学、读整本书、学科实践活动的分化，这是现实的需要。因为在现实的教学中，教师不明确每一部分应该起的作用，不清楚具体的操作。这些分化都是暂时的，待教师的课程理念和实施水平达到一定的高度，单元整体课程就要走“融合”之路，即多学科的融合设计，比如，“阅读与欣赏”在将来就会融合多个学科。将来的单元整体课程是“大单元”的，这个单元的教科书教学、读整本书、实践活动都是融合多学科的。

未来的单元整体课程将以“大单元”为教学单位，以“融合”为单元构建方式，以学生的“自主探究”为主要的学习方式。那时的单元整体课程经历了“由教学到课程，由课程到教育”的过程，会变得更加完善，更能满足师生的发展需要。

参考文献：

[1] 蒙培元．中国哲学主体思维［M］．北京：人民出版社，1993.10.

[2] 朱志荣．中国审美理论［M］．北京：北京大学出版社，2005.07.

[3] 陈学恂．中国教育史研究（宋元分卷）［M］．上海：华东师范大学出版社，2009.09.

[4] 李怀源．小学语文单元整体教学构建艺术［M］．重庆：西南师范大学出版社，2009.10.

[5] 李怀源．语文：从教学到课程［J］．语文教学通讯，2011，(4)：4—6.

小学音乐单元整体课程实施与评价

第一章　课程概述

音乐是人类最古老、最具感染力的艺术形式之一，也是人类表达思想和感情，从而实现表现与交流的重要形式，它是人类精神生活的有机组成部分。作为人类文化的一种重要形态和载体，音乐有着丰富的文化和历史内涵，它以独特的艺术魅力伴随着人类历史的发展，满足人类的精神文化需求。对音乐的感悟、表现和创作，是对人类基本素质和能力的一种反映。音乐课是人文学科的一个重要领域，是学校实施美育的主要途径之一，也是基础教育阶段的一门必修课。

一、课程性质

音乐教育是以音乐艺术为媒介，以审美为核心的一种教育形式，对学生终身发展起着重要的作用。根据审美教育的特点和规律而进行的音乐教育，强调学生的情感体验和个性发展。通过长期、多次的美感训练，培养学生的审美情操，进而完善学生的人格。我国小学的音乐课程除了让学生具备审美情操外，更多的是培养学生感受音乐、表现音乐、创作音乐的能力。

二、核心理念

音乐教育秉持的核心理念主要包括以下几方面：

1. 以音乐审美为核心。
2. 以兴趣爱好为动力。
3. 注重个性发展。
4. 重视音乐实践。
5. 鼓励音乐创作。
6. 提倡学科综合。

三、教学实施

这一年龄段的学生多以形象思维为主要的思维方式，且具有好奇、好动、模仿力强的特点，教师要善于利用儿童自然的嗓音和灵活的形体，采用歌曲、舞蹈、图片、游戏相结合的手段，进行直观的音乐教学。选取的音乐聆听材料要短小有趣，形象鲜明。学生的生活范围和认知领域进一步扩展，且体验感受与探索创作的活动能力提高之后，教师要引导学生对音乐进行整体感受，丰富教学曲目的体裁和形式，增加乐器演奏及音乐创作活动的分量，以生动活泼的教学形式引起学生对音乐的兴趣。

四、评价体系

学生和教师的自评、师生之间和教师之间的互评、学校和上级主管部门对教师的评价、家长对教师的评价以及师生和家长对学校音乐教学工作和音乐课程的评价，都是重要的评价方式。教师可以通过这些评价方式获取如何改进音乐教学的信息，及时调整和改善教学，提高音乐教学质量。但评价活动不宜过多，且应尽量简化评价过程，防止评价活动流于形式。我们采用的主要评价方式有：课堂随机评价法、档案袋形成性评价法、过程性评价法、学期末总结性评价法。现举例如下：

1. 过程性评价法

主要采取月评的形式，每月从学生自评、学生小组内互评、教师评定三个方面来评价。

（1）学生自评：从课堂表现、学习效果、自我评价三方面为自己评定星级。此项占过程性评价的30%；

（2）学生小组内互评：从课堂表现、合作能力、学习效果三方面为本小组内学生评定星级。此项占过程性评价的30%；

（3）教师评定：根据课堂表现、学习效果、提高程度三方面为学生评定星级。此项占过程性评价的40%。

2. 总结性评价法

主要采取学期末检测的形式，分自评和师评两种，教师参考学生的月评成绩对学生进行学期末总结性评价。

（1）学生自评占总结性评价的20%；

（2）教师评定占总结性评价的50%；

（3）月评成绩占总结性评价的30%。

五、课程目标

（一）总目标

音乐课程目标的制订主要以音乐课程价值的实现为依据。通过教学及各种生动的音乐实践活动，培养学生的音乐情趣，发展其音乐感受与鉴赏能力、表现能力和创造能力，提高其音乐文化素养，丰富情感体验，陶冶高尚情操。

（二）学段目标

如果根据学生的年龄特征，教学需要和教学管理等因素来划分学段，小学阶段可分为1～2年级、3～4年级、5～6年级三个学段。

处在1～2年级的学生的思维以具体形象思维为主，从行为表现上来看，好奇、爱动、爱模仿；从情感上来看，易兴奋、激动，情绪不够稳定。本学段以培养学生的兴趣，培养他们的音乐感知能力、表现和创作能力为主。

处在3～4年级的学生的思维仍然以形象思维活动为主，同时抽象思维有所体现，经常处于较平静、愉快的状态。能够对具体的个人产生感情，并能把情感融入音乐表现中。

处在5～6年级的学生的形象思维进一步发展，抽象思维进一步增强，处于持久和愉快的状态。对社会、集体产生感情，对人、对事的评价能力逐步提高。在本学段，教师要增加学生接触的音乐曲目，同时也要增加有关音乐体裁、表演形式、音乐常识的内容。

第二章　一年级上学期

第一节　课程目标

一、阅读与欣赏

（一）音乐表现要素

1. 感受自然界和日常生活中的声音，例如，鸟鸣、拍手、拍肩、响指等。
2. 聆听歌曲时能作出相应的情绪或体态反应。

（二）音乐情绪与情感

体验欢乐的音乐情绪，能够自然流露出相应表情或作出体态反应。

（三）音乐体裁与形式

聆听儿歌、童谣、进行曲，能够区别独唱和齐唱。

二、演唱

（一）歌曲演唱

能够用自然的声音，按照节奏和曲调有表情地独唱与齐唱。

（二）模唱

1. 能够用“啦”或“啊”模唱有简单节奏的乐谱。
2. 能够运用动物的声音模唱音高。

三、音乐基本技能

（一）小乐器演奏

学习常见的小打击乐器，如木鱼、响板，能够用打击乐器或其他音源为歌曲进行简单伴奏。

（二）音乐律动

身体能对节奏进行初步感受并能表现出音乐中简单的节奏，如音的长短、音的高低，并能用相应的身体语言来表达。

四、创作与实践

1. 能够运用人声、肢体律动模仿自然界或日常生活中的声音长短、高低、强弱。

2. 在歌唱或聆听音乐时能即兴地做动作，或能够运用色块记录声音或音乐。

第二节 课程实施

单元整体教学案例

——我爱家乡，我爱祖国

一、单元内容

表 1—2—1

阅读与欣赏	演唱	小乐器演奏	创作与实践
歌曲《中华人民共和国国歌》	歌曲《国旗国旗真美丽》	用碰铃、响板为歌曲《我爱家乡，我爱祖国》伴奏	歌舞表演《彝家娃娃真幸福》

二、单元目标

1. 通过阅读图片，观看视频资料，听唱一组歌颂祖国、国旗与多民族团结题材的歌曲，教育学生热爱祖国、热爱家乡、尊敬国旗。在演唱中，能够有表情、充满热情地演唱。

2. 逐渐培养学生听音乐的习惯和兴趣。

3. 通过用打击乐器为歌曲伴奏的实践活动，逐渐培养学生的音乐创造能力和协作能力。

三、单元课程实施

模块一：欣赏与阅读歌曲《中华人民共和国国歌》

1. 教具准备：介绍创作者聂耳，观看歌曲《中华人民共和国国歌》的视频资料。

2. 导入课程：播放歌曲《中华人民共和国国歌》，让学生完整听赏一遍。

3. 提问学生：在什么场合和情景下演唱、演奏国歌？然后，教师播放有关演唱和演奏国歌的 VCD、视频资料及有关图片，再请学生补充。

4. 介绍国歌的来历，并听齐唱和铜管乐队分别演奏的《中华人民共和国国歌》，使学生感受人声与乐器的不同音色。

5. 引导学生简单谈谈用乐器演奏和人声演唱《中华人民共和国国歌》给他们的不同感受。

6. 播放奏国歌、升国旗的画面，让学生知道奏国歌和升国旗的关系。

【设计说明】

突出对学生的情感教育，让学生了解进行曲的风格特点，为歌曲《国旗国旗真美丽》的学习做铺垫。

模块二：演唱歌曲《国旗国旗真美丽》

1. 教具准备：音频资料；自制国旗；图片；钢琴。

2. 教师弹钢琴，学生进行发声练习，可用“啦”代替音符演唱。

3. 教师让学生自己谈一谈，包括国旗的形状、颜色，五角星的排列及象征意义等与国旗相关的知识。

4. 教师播放歌曲或范唱一遍，以引起学生学唱歌曲的兴趣。

5. 教师带领学生将歌词按语言节奏朗读一遍。

6. 学生跟着教师分句模唱歌曲数遍。

7. 教师引导学生，以接唱方式熟唱歌曲，如教师唱“国旗国旗”，学生接唱“真美丽”。

【设计说明】

听唱教学法与接唱教学法综合运用，由易到难，训练学生初步的音乐感受能力，培养学生有节奏地演唱歌曲的能力。

模块三：用碰铃、响板为歌曲《我爱家乡，我爱祖国》伴奏

1. 教具准备：碰铃、响板；歌曲《我爱家乡，我爱祖国》的音频。

2. 教师展示中国地图和长江、黄河风景图，介绍长江、黄河，并请学生指出长江和黄河在中国地图上的位置。

3. 由教师播放歌曲《我爱家乡，我爱祖国》，使学生初步了解歌曲的歌词、节奏和情感。

4. 认识打击乐：教师向学生展示乐器实物，演示基本的演奏方式，并让学生识别两种打击乐器的不同音色。

5. 教师将乐器发给学生，让学生在教师的指导下学会正确的敲击方法。可进行小组合作，教师评定结果。

6. 教师出示卡片（见表1—2—2）。

表1—2—2

dang		dang		dang		dang	
da	da	da	da	da	da	da	da

学生在教师的指导下练习演奏，可分组交换练习，每两人为一组。

【设计说明】

学习小乐器的演奏方法，通过敲击，培养学生对节奏训练的兴趣，初步形成稳定的节奏感。

模块四：歌舞表演《彝家娃娃真幸福》

1. 教具准备：歌曲《彝家娃娃真幸福》的音频资料。

2. 听歌曲《彝家娃娃真幸福》第一遍，让学生感受节奏、速度、情绪。

3. 教师出示节奏图片，弹奏歌曲，学生按音乐拍打节奏，找出强弱节奏感。

4. 由教师将学生分小组，学习彝族集体舞的走步与拍手。

5. 教师引导每组学生随歌曲学习彝族集体舞的步伐。

6. 学生相互邀请或与教师共同跳舞，以鼓励其他学生。

7. 根据彝族舞蹈特点，自编自创舞步，放学回家后教给自己的父母跳。

【设计说明】

将音乐与肢体律动结合起来，初步培养学生对音乐的速度、情绪、节奏感的理解和表达。

四、单元评价

1. 学生能否安静地听音乐，从阅读资料中读取可用信息。

2. 学生是否能用自然的声音学唱歌曲，而不是喊唱。

3. 学生能否区分碰铃与响板的音色，并能正确演奏。

4. 学生能否按节奏主动、大方地为歌曲伴舞。

第三节　课程评价

一、阅读与欣赏

（一）音乐表现要素

1. 学生能正确感受自然界和日常生活中的声音，聆听简单旋律时，能作出相应的情绪或体态反应，等级为 A。

2. 学生能正确感受自然界和日常生活中的声音，聆听简单旋律时，能作出相应的情绪或体态反应，但在完成任务的过程中，出现 1～2 处错误，等级为 B。

3. 学生能够感受自然界和日常生活中的声音，聆听简单旋律时，能作出相应的情绪或体态反应，但在完成任务的过程中，出现 3～4 处错误，等级为 C。

（二）音乐情绪与情感

1. 学生能体验不同情绪的音乐，能用简单的语言对音乐感受进行完整描述，等级为 A。

2. 学生能对不同情绪的音乐，用简单的语言对音乐感受进行描述，等级为 B。

3. 学生不能对不同情绪的音乐进行准确的语言描述，等级为 C。

二、演唱

（一）歌曲演唱

1. 学生能够有表情地歌唱，能按照节奏和曲调完整、准确地表达出自己的心声，等级为 A。

2. 学生能够有表情地歌唱，能按照节奏和曲调完整地表达出自己的心声，但在演唱的过程中，出现 1～2 处错误，等级为 B。

3. 学生能够有表情地歌唱，能按照节奏和曲调完整地表达出自己的心声，但在演唱的过程中，出现 3～4 处错误，等级为 C。

（二）模唱

1. 学生能够用“啦”或“啊”模唱有简单节奏的乐谱，能够模唱音的高低，等级为A。

2. 学生能够用“啦”或“啊”模唱有简单节奏的乐谱，能够模唱音的高低，但在模唱的过程中，出现1～2处错误，等级为B。

3. 学生能够用“啦”或“啊”模唱简单节奏的乐谱，能够模唱音的高低，但在模唱的过程中，出现3～4处错误，等级为C。

三、音乐基本技能

（一）小乐器演奏

1. 演奏姿态自然，声音连贯、流畅、艺术表现力强，等级为A。

2. 演奏姿态自然，声音比较连贯、流畅，有较强的艺术表现力，等级为B。

3. 演奏姿态自然，但声音不够连贯、流畅，艺术表现力不够，等级为C。

（二）音乐律动

1. 在表演中，体态自然、优美，能够表现音的长短、高低，动作准确连贯、艺术表现力强，等级为A。

2. 在表演中，体态自然，能够表现音的长短、高低，动作比较连贯、有较强艺术表现力，但在表演的过程中，出现1～2处错误，等级为B。

3. 在表演中，体态自然，能够表现音的长短、高低，但动作不够连贯、艺术表现力不够，在表演的过程中，出现3～4处错误，等级为C。

四、创作与实践

（一）即兴创作

1. 能够随着音乐有表情地进行律动、模仿动作和即兴动作，且音乐和动作的配合恰当，等级为A。

2. 能够随着音乐有表情地进行律动、模仿动作和即兴动作，且音乐和动作的配合比较恰当，等级为B。

3. 能够随着音乐有表情地进行律动、模仿动作和即兴动作，但音乐和动作的配合不够恰当，等级为C。

（二）实践活动

1. 运用色块记录声音或音乐比较准确，等级为A。

2. 运用色块记录声音或音乐比较到位，等级为B。

3. 运用色块记录声音或音乐不能准确到位，等级为C。

第三章　一年级下学期

第一节　课程目标

一、阅读与欣赏

（一）音乐表现要素

1. 感受自然界和日常生活中声音的强弱，例如，雷声、雨声。

2. 聆听歌声时能作出相应的情绪或体态反应，感受声音的长短，例如，模仿动物的叫声。

3. 能听辨童声、女声和男声。

（二）音乐情绪与情感

体验不同情绪的音乐，能够自然流露出相应的表情或作出体态反应。

（三）音乐体裁与形式

聆听儿歌、童谣和进行曲，能够区别独唱和齐唱。

二、演唱

（一）歌曲演唱

能够用自然的声音，按照节奏和曲调有表情地独唱或参与齐唱。

（二）模唱

1. 能够用“啦”或“啊”模唱有简单节奏的乐谱。

2. 能够运用动物的声音模唱音的强弱、长短。

三、音乐基本技能

（一）小乐器演奏

学习常见的小打击乐器，如双响筒、串铃和沙锤等。能够用打击乐器或其他音源为歌曲进行简单伴奏。

（二）音乐律动

通过律动，初步学习并表现出音乐中简单的声音强弱关系，通过柯尔文手势的学习，建立初步的音阶概念，并用相应的身体语言来表现音乐情绪。

四、创作与实践

能够运用人声、乐器声模仿自然界或日常生活中的声音，在歌唱或聆听音乐时能即兴地做动作，或能够运用色块、图形记录声音或音乐。

第二节　课程实施

单元整体教学案例

——春天来了

一、单元内容

表 2—2—1

欣赏与阅读	演唱	小乐器演奏	创作与实践
歌曲《春天悄悄来临》	歌曲《小雨沙沙沙》	用人声及三角铁、碰铃、双响筒、响板、沙锤等打击乐器来表现春雨，春风，春雷，春水来临时的景象；感受四分音符时值	音乐活动——春光好

二、单元目标

1. 以歌唱春天的音乐来激发学生学习音乐的兴趣，开发学生的音乐感知力，体验音乐美感。

2. 在赏析音乐视频时，通过观看有关春天的图片，让学生了解关于春天的知识。

2. 在音乐活动中培养学生的协作能力和音乐创作力。

3. 通过音乐实践活动，培养学生热爱大自然的乐观生活态度。

三、单元课程实施

模块一：欣赏与阅读歌曲《春天悄悄来临》

1. 教具准备：关于“春天”的书籍；视频资料；图片。

2. 学生阅读关于“春天”的书籍（包括图片），以小组为单位，采用对答方式讨论关于“春天”的资料。

3. 教师播放管弦乐曲《春天悄悄来临》。

4. 让学生为乐曲命名。

5. 教师再播放一遍歌曲《春天悄悄来临》，同时，播放有关春天来临时万物复苏、冰雪消融的音响资料。

6. 引导学生用语言、动作、图画等来表达自己对乐曲的感受。

7. 用肢体语言表现春天来临时的景象，让学生自己创编模仿春天来临的动作。

【设计说明】

在音乐中，寻找自然界中的春天的声音，感受春天、触摸春天、歌唱春天，在春天的主题旋律下使学生受到多方面的音乐熏陶。

模块二：演唱歌曲《小雨沙沙沙》

1. 教具准备：图片；《小雨沙沙沙》的音频资料；钢琴。

2. 教师弹钢琴，学生进行简单模唱，用“啦”代替音符。

3. 导入：用教科书上的插图引入歌曲《小雨沙沙沙》的教学。

4. 学生聆听歌曲《小雨沙沙沙》。

5. 教师范唱一遍歌曲。

6. 学生跟着教师模唱曲谱。

7. 教师朗读歌词，并讲解歌词内容。

8. 教师用听唱法教唱学生歌词。

9. 教师用钢琴分句弹奏旋律，学生分句唱歌词。

10. 学生完整地齐唱歌词。

11. 让学生找出歌曲中完全相同的两个乐句并为其涂上相同的颜色。

【设计说明】

运用分句听唱法，训练学生的自主学唱歌曲能力，提升他们的综合音乐素养。

模块三：小乐器演奏歌曲《春天音乐会》

1. 教具准备：《春天音乐会》的音频资料；打击乐器三角铁、碰铃、双响筒、响板、沙锤等。

2. 聆听童声合唱歌曲《春天音乐会》。

3. 让学生为歌曲命名。

4. 教师带领学生朗读歌词。

5. 教师结合歌词，向学生讲解有关春天的自然知识。

6. 完整听赏歌曲《春天音乐会》，找出歌曲的节奏规律。

7. 启发学生用人声以及三角铁、碰铃、双响筒、响板、沙锤等打击乐器来表现春雨，春风，春雷，春水来临时的景象。

8. 再听一遍歌曲《春天音乐会》，并用打击乐器为歌曲伴奏。

9. 从歌曲中找出四分音符、八分音符，能够模打节奏。

【设计说明】

在小打击乐节奏训练中，让学生感受四分音符、八分音符的存在。

模块四：创作与实践活动——春光好

1. 教具准备：关于春天的图片；打击乐器。

2. 播放管弦乐《春天悄悄来临》，同时，引出音乐活动——春光好。

3. 教师介绍有关“春游”“春耕”的常识。

4. 教师组织学生展开讨论：如何用声音、语言、动作来表现“春游”和“春耕”。

5. 结合教科书上的插图，鼓励学生创编以“春游”“春耕”为主题的音乐活动。

6. 用声音、语言、动作等表现“春游”和“春耕”活动的情节。

【设计说明】在听“春”唱“春”后，运用音乐活动形式，让学生用多种方式表达对“春”的理解，实现对以“春”为主题的音乐拓展。

四、单元评价

1. 学生在音乐实践活动中的参与态度、参与程度与合作协调能力。

2. 学生的音乐体验与模仿能力、表现能力。

3. 学生用声音、语言、动作将“春游”和“春耕”表现得是否贴切。

4. 学生在设计音乐活动时所表现出来的创新精神。

第三节 课程评价

一、阅读与欣赏

（一）音乐表现要素

1. 能正确感受自然界和日常生活中声音的强弱、长短，聆听简单旋律时能作出相应的情绪或体态反应，等级为A。

2. 能感受自然界和日常生活中声音的强弱、长短，聆听简单旋律时能作出相应的情绪或体态反应，但在完成任务的过程中，出现1～2处错误，等级为B。

3. 能感受自然界和生活中的声音强弱、长短，能够对各种声音作出一定的反应，但在完成任务的过程中，出现3～4处错误，等级为C。

（二）音乐情绪与情感

1. 体验不同情绪的音乐，能用简单的语言对音乐感受进行完整的描述，等级为A。

2. 体验不同情绪的音乐，能够用简单的语言对音乐感受进行简单的描述，等级为B。

3. 不能对不同情绪的音乐用语言进行准确的描述，等级为C。

二、演唱

（一）歌曲演唱

1. 歌唱时有自信心，敢于用歌声表达自己的心声；努力做到有感情地歌唱，且歌声悦耳动听，等级为A。

2. 歌唱时比较有自信心，能够用歌声表达自己的心声；努力做到有感情地歌唱，且歌声比较动听，等级为B。

3. 歌唱时缺乏自信心，不能够用歌声表达自己的心声；歌唱时感情的投入不够，歌声不够动听，等级为C。

（二）模唱

1. 能够感受音的高低、强弱、长短，模唱6～8小节曲调，且基本正确，等级为A。

2. 能够感受音的高低、强弱、长短，模唱 6～8 小节曲调，但在完成任务的过程中，出现 1～2 处错误，等级为 B。

3. 能够感受音的高低、强弱、长短，模唱 6～8 小节曲调，但在完成任务的过程中，出现 3～4 处错误，等级为 C。

三、音乐基本技能

（一）小乐器演奏

1. 在演奏中，演奏姿态自然，声音连贯、流畅、艺术表现力强，演奏音的强弱时，有完全正确的表现，等级为 A。

2. 在演奏中，演奏姿态自然，声音比较连贯、流畅、有较强的艺术表现力，演奏音的强弱基本正确，等级为 B。

3. 在演奏中，演奏姿态自然，但声音不够连贯、流畅，艺术表现力不够，演奏音的强弱时，没有表现或表现错误，等级为 C。

（二）音乐律动

1. 在表演中，体态自然优美，动作准确连贯，艺术表现力强，等级为 A。

2. 在表演中，体态自然，动作比较连贯，有较强的艺术表现力，等级为 B。

3. 在表演中，体态不自然，动作不够连贯，艺术表现力不够，等级为 C。

四、创作与实践

（一）即兴创作

1. 能够随着音乐有表情地进行律动、模仿动作和即兴动作，且音乐和动作的配合恰当，等级为 A。

2. 能够随着音乐有表情地进行律动、模仿动作和即兴动作，且音乐和动作的配合比较恰当，等级为 B。

3. 能够随着音乐有表情地进行律动、模仿动作和即兴动作，但音乐和动作的配合不够恰当，等级为 C。

（二）实践活动

1. 运用色块、图形记录声音或音乐比较准确，等级为 A。

2. 运用色块、图形记录声音或音乐比较到位，等级为 B。

3. 运用色块、图形记录声音或音乐不能准确到位，等级为 C。

第四章　二年级上学期

第一节　课程目标

一、阅读与欣赏

（一）音乐表现要素

1. 能够用自己的声音或打击乐器对音乐形象进行模仿。
2. 能够用打击乐器演奏出强弱不同的音。
3. 能够感受并描述音乐中力度的变化。

（二）音乐情绪与情感

1. 聆听有故事情节的音乐，能够听辨出音乐所代表的不同的人物形象。
2. 能够运用肢体语言自然流露出故事情节中所表现的人物形象。

（三）音乐体裁与形式

1. 在不同音乐主题或故事情节下，聆听儿歌、童谣、进行曲和舞曲。
2. 在不同的音乐主题或故事情节下，作出体态或音乐情感的反应。

二、演唱

（一）演唱

1. 知道正确的演唱姿势，通过听辨，了解演唱技巧中气息支持的基础知识。

2. 能够用自然的声音、不同的力度表现歌曲的情绪。

（二）模唱

认识唱名中的 do、mi、sol 三个骨干音，并进行三度内的模唱练习。

三、音乐基本技能

（一）音乐知识

学习音乐表情记号中的力度符号。

（二）钢琴演奏

1. 乐理知识认知

（1）初步认识五线谱的五条线、高音谱号、低音谱号，认识五线谱上的 do。

（2）初步认识二分音乐符、全音符；区分二分音符与全音符；学习、体会音的长短，能够用声音、语言、身体动作表现简单的节奏。

2. 钢琴演奏

（1）认识钢琴键盘，掌握正确的演奏方法，包括坐姿、手型。找出钢琴中央 C 的位置，用断奏、连奏的演奏方法演奏 do。

（2）能够在钢琴中央 C 位置准确演奏左右手交替的二分音符、全音符。

四、创作与实践

能够用打击乐器或自寻音源探索声音的强弱、长短。能够在唱歌或聆听音乐时即兴地做动作。能够运用线条、色块、图形记录声音或音乐。

第二节　课程实施

单元整体教学案例

——快乐的游戏

一、单元内容

表 3—2—1

阅读与欣赏	演唱	小乐器演奏	创作与实践
童声合唱彝族童谣《转圈圈》	歌曲《拔河》	堂鼓、小钵和木鱼；能够在钢琴中央 C 位置准确演奏左右手交替的二分音符、全音符	音乐活动——用钢琴独奏歌曲《士兵进行曲》

二、单元目标

1. 继续引导和激发学生学习音乐的兴趣，鼓励学生对所听的音乐作出评价。

2. 继续引导学生经常注意聆听自然界和日常生活中的各种声音，并用自己的声音或打击乐器进行模仿。

3. 学生随音乐做动作时能与音乐保持协调一致。

4. 继续培养学生表现音乐时的自信心。

5. 通过欣赏音乐作品、观看相关图片与视频资料，了解与欣赏内容相关的资料及课外内容。

三、单元课程实施

模块一：童声合唱彝族童谣《转圈圈》

1. 教具准备：《转圈圈》的音频资料；关于彝族的阅读资料。

2. 教师介绍合唱歌曲《转圈圈》的相关资料，并将其与已欣赏过的歌曲《阿细跳月》作比较。（两者都是彝族的音乐，且都是在月光下的歌舞，不同之处在于《阿细跳月》是青年人的舞蹈，《转圈圈》是儿童的游戏歌曲）

3. 教师出示歌曲《转圈圈》的歌词，学生听赏歌曲《转圈圈》。

4. 听赏几遍后，教师引导学生跟听歌曲《转圈圈》的音频资料，哼唱两个片段。

5. 学生用已学会的彝族舞蹈动作随音乐即兴表演，不要求动作统一，只要求动作与音乐合拍，表演时自信大方，教师应鼓励更多的学生参与表演。

【设计说明】

在聆听中，让学生体会彝族音乐的风格特点。运用对比和欣赏的方法细化同一民族不同风格音乐的差异。

模块二：演唱歌曲《拔河》

1. 教具准备：歌曲《拔河》的音频资料；打击乐器。

2. 教师弹琴，学生进行 do、mi、sol 的发声练习。

3. 导入：教师用拔河的图片或提问的方式引入歌曲《拔河》的教学，请学生用语言描绘拔河时欢快、热烈的气氛。

4. 教师提问："拔河的音乐应该是怎样的?""演唱时在声音上应具备有什么特点?"启发学生想象表现拔河场面歌曲的音调特点——热烈、欢快、紧张。

5. 听赏歌曲《拔河》的范唱音频资料，听几遍后通过提问的方式，加深学生对这首歌曲的认识，为正确地表现这首歌曲的感情打下基础。

6. 学生跟随教师学唱。

7. 教师领唱、学生齐唱，学生领唱、齐唱，分角色演唱。

8. 用打击乐器表现歌曲《拔河》的热烈、紧张、欢快的气氛，再将这些声音录下来。

9. 边演唱歌曲边放渲染气氛的录音，教师与学生共同探讨，评论。

10. 教师小结。

【设计说明】

了解并运用领唱、齐唱、分角色演唱等演唱方式烘托气氛，加强歌曲意境的表现。

模块三：小乐器演奏；堂鼓、小钵和木鱼图片与实物；钢琴演奏

1. 教具准备：堂鼓、小钵和木鱼；歌曲《拔河》的伴奏音乐。

2. 复习歌曲《拔河》。

3. 教师出示堂鼓、小钵和木鱼图片，学生以小组的形式讨论这些乐器应该如何演奏。

4. 教师发堂鼓、小钵和木鱼实物，让学生自己创编节奏。

5. 听歌曲《拔河》，根据乐器的不同特点为歌曲伴奏。

6. 小组交换演奏，也可相互配合演奏，教师予以指导。

7. 全班共同总结通过这节课对乐器的认识，说说自己还认识哪些打击乐器。

【设计说明】

对民族小打击乐器的认识与了解，并进行自编节奏的初步尝试，夯实所学知识并加以灵活运用。

1. 钢琴演奏：在钢琴中央C位置准确演奏左右手交替的二分音符、全音符。

（1）认识钢琴键盘，掌握正确的演奏方法，包括坐姿、手型。找出钢琴中央C的位置，用不同的演奏方法演奏do。

（2）能够在钢琴中央C位置准确演奏左右手交替的二分音符、全音符。

【设计说明】初步认识钢琴键盘，学习钢琴的演奏方法，能够认识四种音符及do的音位。

模块四：音乐活动——钢琴独奏《士兵进行曲》

1. 教具准备：钢琴独奏曲《士兵进行曲》的音频。

2. 教师播放歌曲《士兵进行曲》，学生初步感受进行曲的律动。

3. 请学生学习课本中的节奏图，用不同的表现方法为乐曲伴奏，同时念qi、cha、peng、pa、ka等象声词。

表 3—2—2

X qi 拍手	X cha 拍腿	X qi 拍手	0	X—— qi 拍手		X cha 拍腿	X cha 拍腿
X peng 跺脚	X peng 跺脚	X peng 跺脚	X peng 跺脚	X—— pa 拍肩		X—— pa 拍肩	
X qi 拍手	X cha 拍腿	X qi 拍手	0	X—— qi 拍手		X cha 拍腿	X cha 拍腿
X peng 跺脚	X peng 跺脚	X peng 跺脚	X peng 跺脚	X peng 跺脚	X ka 立正	X ka 敬礼	0

4. 聆听乐曲再做一遍动作。

5. 可分组比赛，看哪一组的动作做得整齐。

6. 播放歌曲《士兵进行曲》，学生根据音乐做动作，部分同学列队模仿木偶兵的形象。

7. 学生自己设计动作，自由表演。

8. 师生共同讨论，总结这节课所学内容。

【设计说明】

在感受乐曲风格的基础上，用打击乐器演奏，感受音的强弱、长短和不同的音效。

四、单元评价

1. 欣赏音乐时的专注程度及掌握欣赏的相关资料的程度。
2. 随音乐做动作时的正确性、协调性和参与度。
3. 学生自己设计动作的积极性、创作力。
4. 能够充满热情地演唱歌曲，把握好情绪。
5. 能够熟练地使用打击乐器，根据节奏为乐曲伴奏。

第三节　课程评价

一、阅读与欣赏

（一）音乐表现要素

1. 能够用自己的声音或打击乐器进行模仿；能用打击乐器演奏出强弱不同的声音；能够感受并描述音乐中力度的变化，说明学生有较好的感受能力，等级为 A。

2. 能够用自己的声音或打击乐器进行模仿；基本能用打击乐器演奏出强弱不同的声音；不能够感受并描述音乐中力度的变化，说明学生感受能力一般，等级为 B。

3. 能够用自己的声音或打击乐器进行模仿；不能用打击乐器演奏出强弱不同的声音；不能够感受并描述音乐中力度的变化，说明学生感受能力较差，等级为 C。

（二）音乐情绪与情感

1. 聆听有故事情节的音乐，能够听辨出音乐所代表的不同的人物形象，能够运用肢体语言自然表现出故事情节中的人物形象，等级为 A。

2. 聆听有故事情节的音乐，能够听辨出音乐所代表的不同人物形象，能够运用肢体语言自然表现出故事情节中的人物形象，但在完成作品的过程中，出现 1～2 处错误，等级为 B。

3. 聆听有故事情节的音乐，能够听辨出音乐所代表的不同的人物形象，能够运用肢体语言自然表现出故事情节中的人物形象，但在完成作品的过程中，出现 3～4 处错误，等级为 C。

（三）音乐体裁与形式

1. 聆听不同音乐主题或故事情节的儿歌、童谣、进行曲和舞曲，并作出体态或音乐情感上的反应，等级为 A。

2. 聆听不同音乐主题或故事情节的儿歌、童谣、进行曲和舞曲，并作出体态或音乐情感上的反应，但在完成任务的过程中，出现 1～2 处错误，等级为 B。

3. 聆听不同音乐主题或故事情节的儿歌、童谣、进行曲和舞曲，并作出体态或音乐情感上的反应，但在完成任务的过程中，出现 3～4 处错误，等级为 C。

二、演唱

（一）歌曲演唱

1. 知道正确的演唱姿势，通过听辨，了解演唱技巧中气息支持的基础知识，能够用自然的声音，采用不同的力度表现歌曲的情绪，等级为 A。

2. 知道正确的演唱姿势，通过听辨，了解演唱技巧中气息支持的基础知识，能够用自然的声音，采用不同的力度表现歌曲的情绪，但在完成任务的过程中，只能做到 3～4 处，等级为 B。

3. 知道正确的演唱姿势，通过听辨，了解演唱技巧中气息支持的基础知识，能够用自然的声音，采用不同的力度表现歌曲的情绪，但在完成任务的过程中，只能做到 1～2 处，等级为 C。

（二）模唱乐谱

1. 能用 do、mi、sol 等音名模唱三度以内的简单旋律 6～8 小节，且完全准确，等级为 A。

2. 能用 do、mi、sol 等音名模唱三度以内的简单旋律 6～8 小节，但出现 1～2 处错误，等级为 B。

3. 能用 do、mi、sol 等音名模唱三度以内的简单旋律 6～8 小节，但出现 3～4 处错误，等级为 C。

三、音乐基本技能

（一）小乐器演奏

1. 在演奏中，演奏姿态自然，声音连贯、流畅、艺术表现力强，在演奏音的长短上完全正确，等级为 A。

2. 在演奏中，演奏姿态自然，声音连贯、流畅、艺术表现力强，在演奏音的长短上基本正确，等级为 B。

3. 在演奏中，演奏姿态自然，声音连贯、流畅、艺术表现力强，但在演奏音的长短上不正确，等级为 C。

（二）钢琴演奏

1. 乐理知识认知

（1）能够准确认识五线谱上的五条线、高音谱号、低音谱号，用正确的演奏方法演奏 do；能够听辨、正确认知二分音符和全音符，能区分二分音符和全音符，并准确拍击出时值的长短，等级为A。

（2）能够准确区分五线谱谱上的五条线、高音谱号、低音谱号和五线谱do的位置，准确听辨、正确认知二分音符和全音符，能区二分音符和全音符，但不能准确拍击出时值的长短，等级为B。

（3）能够区分五线谱、高音谱号、低音谱号、do的位置，能够准确听辨、正确认知二分音符和全音符，但不能区分二分音符和全音符，不能准确拍击出时值的长短，等级为C。

2. 钢琴演奏

（1）能够准确认识钢琴键盘，找出钢琴中央C的位置，手型及坐姿正确，用不同的演奏方法演奏左右手交替的二分音符、全音符，并且时值演奏准确，等级为A。

（2）能够认识钢琴键盘，找出钢琴中央C的位置，手型及坐姿正确，能够用正确的方法演奏do，但不能区分左右手交替演奏二分音符、全音符，并且时值演奏不够准确，等级为B。

（3）能够找出钢琴键盘中央C的位置，手型及坐姿正确，能够用一种方法演奏do，不能够在钢琴中央C位置左右手交替演奏二分音符、全音符，并且时值演奏不够准确，等级为C。

四、创作与实践

（一）即兴创作

1. 能够随着音乐有表情地进行律动、模仿动作。音乐游戏、学习歌表演、集体舞等中的音乐和动作的配合恰当，等级为A。

2. 能够随着音乐有表情地进行律动、模仿动作，音乐游戏、学习歌表演、集体舞等中的音乐和动作的配合比较恰当，等级为B。

3. 能够随着音乐有表情地进行律动、模仿动作，但音乐游戏、学习歌表演、集体舞等中的音乐和动作的配合不够恰当，等级为C。

（二）实践活动

1. 运用色块、图形、线条记录声音或音乐，色块的对比、图形的含义、线条的走向三项都做得比较到位，等级为A。

2. 运用色块、图形、线条记录声音或音乐，色块的对比、图形的含义、线条的走向中的两项做得比较到位，等级为B。

3. 运用色块、图形、线条记录声音或音乐，色块的对比、图形的含义、线条的走向中只有一项做得比较到位，等级为C。

第五章　二年级下学期

第一节　课程目标

一、阅读与欣赏

（一）音乐表现要素

1. 在不同音乐主题或故事情节下，能够用自己的声音或打击乐器对音乐形象进行模仿。

2. 根据乐曲的情绪，能采用不同的力度或速度表现歌曲的情绪。

（二）音乐情绪与情感

1. 聆听不同风格的音乐，体会丰富的音乐情绪或情感。

2. 聆听各少数民族的音乐，从中感受各民族音乐的风格或特点。

（三）音乐体裁与形式

1. 聆听儿歌、童谣、进行曲和舞曲。

2. 根据不同的音乐主题或故事情节，作出体态或音乐情感的反应。

二、演唱

（一）演唱

1. 知道正确的演唱姿势，通过听辨，体会并学习演唱中呼吸支持的基本技巧。

2. 能够用自然的声音，采用不同的力度、速度表现歌曲的情绪。

（二）模唱

1. 认识唱名中的 do、mi、sol 三个骨干音，并进行三度内的模唱练习。

2. 用哼鸣的方式模唱教材中选出的歌曲旋律。

三、音乐基本技能

（一）音乐知识

学习音乐表情中的速度语言和记号。

（二）钢琴演奏

1. 乐理知识认知

（1）初步认识五线谱的五条线、高音谱号、低音谱号，认识五线谱上的do。

（2）初步认识、二分音乐符、全音符；区分二分音符与全音符；学习、体会音的长短，能够用声音、语言、身体动作表现简单的节奏。

2. 钢琴演奏

（1）认识钢琴键盘，掌握正确的演奏方法，包括坐姿、手型。找出钢琴中央C的位置，用断奏、连奏的演奏方法演奏do。

（2）能够在钢琴中央C位置准确演奏左右手交替的二分音符、四分音符、八分音符、全音符。

四、创作与实践

能够用打击乐器或自寻音源探索声音的强弱、长短。能够在唱歌或聆听音乐时即兴地做动作。能够运用线条、色块、图形记录声音或音乐。

第二节　课程实施

单元整体教学案例
——到郊外去

一、单元内容

表 4—2—1

阅读与欣赏	演唱	乐器演奏	创作与实践
欣赏管弦乐合奏歌曲《出发》、河北民歌《放风筝》	歌曲《山谷回音真好听》	用钢琴演奏四种不同时值的音符	多声部节奏组合演奏歌曲《春天交响曲》

二、单元目标

通过欣赏和学唱与春天户外活动相关的音乐作品，鼓励学生进行音乐表演和音乐创作活动，培养热爱大自然的情感，加深对音乐的感受。

三、单元课程实施

模块一：欣赏管弦乐合奏歌曲《出发》、河北民歌《放风筝》

1. 教具准备：管弦乐合奏《出发》、河北民歌《放风筝》的音频资料；关于管弦乐的书籍。

2. 教师介绍关于管弦乐乐器，例如，小提琴、各种号、鼓等。

3. 导入课程

（1）听音乐，初步感受乐曲《出发》的节奏。

师：春天吸引着人们到郊外去，我们听一下这首歌曲，看一群苏联少先队员是如何出发到郊外的。

思考：歌曲中描绘了哪一种交通工具？作曲家运用了哪些音乐手段来描写这种交通工具？

（2）教师介绍定音鼓和小鼓对火车均匀行驶节奏的模仿，以及小号对火车汽笛声的模仿。

（3）听音乐，进一步感受乐曲《出发》的情绪。

（4）教师带领学生随音乐哼唱乐曲中的两个主题。

4. 听乐曲《出发》，随音乐律动。

（1）将学生组织成一列或几列长队，队伍就如同一列火车，随音乐有节奏地律动，教师要特别提醒学生应表现火车出站和进站时的渐快与减慢的节奏变化。

（2）提醒学生注意律动时队形的变化，以及队形行驶方向的改变，应随音乐中旋律、音色的改变而有所变化。

（3）介绍作曲家和乐曲创作的背景。

5. 聆听河北民歌《放风筝》

（1）聆听中国风格的音乐。

师：《放风筝》与刚听过的乐曲《出发》有什么不同？

鼓励学生从音乐情绪、风格、表现手法等方面发表各自的见解。

（2）听歌词，提问：歌曲中唱了哪些内容？

（三月，姐妹的穿着，放风筝，风筝飞翔，回家）

（3）教师介绍这首民歌的音乐特征。

（4）学生跟着录音或教师范唱哼唱歌曲。

6. 教师总结。

【设计说明】

聆听同一主题下的不同风格的乐曲，感受乐曲的丰富多样，并通过音乐律动，培养学生动作的节奏感。

模块二：演唱歌曲《山谷回音真好听》

1. 教具准备：歌曲《山谷回音真好听》的音频资料。

2. 聆听歌曲《山谷回音真好听》。

（1）教师播放与在春天去郊游相关的歌曲《山谷回音真好听》。

（2）引导学生聆听歌曲，关注歌曲中模仿回音的两句旋律，启发学生思考：歌曲运用了什么方法再现大自然中的回音现象？

（3）教师即兴呼唤，请学生用稍弱的力度模仿教师的声音，表现回音效果。

（4）教师穿插一至两首练声曲，让学生用稍弱的力度来模仿，可采用乐曲中的旋律引出歌曲。

3. 教师范唱。

（1）教师一句一句地演唱全曲，学生一句一句地跟唱，注意用稍弱的力度演唱。

（2）全体学生跟琴声演唱。

（3）学生有表情地演唱，注意第二句的演唱力度的变化。将学生分成两组，一组演唱歌曲，另一组在第十一小节处模仿回音。

4. 引导学生做回音游戏。将学生分成两组，做回音游戏的活动。领头的学生可以创编声音让另一组的学生模仿，比一比哪组模仿得像。

5. 全体学生共同演唱歌曲《山谷回音真好听》。

【设计说明】

通过对回音现象的模仿，让学生明确音乐中强、弱的关系，并能运用自己有控制的声音进行准确表现。

模块三：用钢琴演奏四种不同时值的音符

1. 教具准备：钢琴，各种音符的图片。

2. 演唱音阶，认识 do、re、mi、fa、sol、la、si、do。

3. 认识钢琴键盘，找出钢琴中央 C 的位置。

4. 用正确的演奏方法演奏断奏、连奏 do。

5. 看图片，认识二分音符、四分音符、八分音符、全音符四种不同时值的音符。

6. 说出几种音符的时值。

7. 教师总结。

【设计说明】

掌握钢琴演奏的基本乐理知识，通过实际演奏，感受钢琴键盘的力度，认识四种音符的时值，并感受其音的长短。

模块四：多声部节奏组合歌曲《春天交响曲》

1. 教具准备：《春天交响曲》的音频资料。

2. 引导学生展开关于春天的想象，将春天能发出声音的事物列举出来，并将这些事物发出的声音模仿出来。

3. 组织学生对各种声音依次模仿和表演。

4. 教师选取其中的几种声音填入如下表格中，进行节奏设计，组织学生按节奏念读。

表 4—2—2

1. 春雷	轰隆	轰隆	轰隆	轰隆
2. 春风	呜	呜	呜	呜
3. 春雨	沙沙沙	沙沙沙	沙沙沙	沙沙沙
4. 山泉	叮咚	叮咚	叮咚	叮咚
5. 布谷鸟	布谷　0	布谷　0	布谷　0	布谷　0

全体学生顺序表演。教师引导学生进一步思考：哪些声音应该用强力度来表现？哪些声音应该用弱力度来表现？哪些声音应该渐强？哪些则应该渐弱？

5. 教师总结。

【设计说明】

通过进行多声部的节奏组合的训练，培养学生多声部的音乐思维意识。

四、单元评价

1. 学生是否用歌声表现出强弱力度的差异。

2. 学生是否能够根据音乐用打击乐器为乐器伴奏。

3. 学生是否有兴趣地欣赏乐曲及欣赏相关资料的图片。

4. 学生能否根据音乐创编新的节奏与伴奏。

第三节 课程评价

一、阅读与欣赏

（一）音乐表现要素

1. 在不同音乐主题或故事情节下，能够用自己的声音或打击乐器对音乐形象进行模仿；能根据乐曲的情绪，采用不同的力度或速度来表现歌曲的情绪，等级为 A。

2. 在不同音乐主题或故事情节下，能够用自己的声音或打击乐器进行音乐形象模仿；能根据乐曲的情绪，采用不同的力度或速度来表现歌曲的情绪，但在完成任务的过程中，只能做到其中 3～4 处，等级为 B。

3. 在不同音乐主题或故事情节下，能够用自己的声音或打击乐器进行音乐形象模仿；能根据乐曲的情绪，采用不同的力度或速度来表现歌曲的情绪，但在完成任务的过程中，只能做到其中 1～2 处，等级为 C。

（二）音乐情绪与情感

1. 聆听不同风格的音乐，能够体会更加丰富的音乐情绪或情感；通过聆听各少数民族的音乐，从中感受各民族音乐的风格或特点，等级为 A。

2. 聆听不同风格的音乐，能够体会更加丰富的音乐情绪或情感；通过聆听各少数民族的音乐，从中感受各民族音乐的风格或特点，但在完成任务的过程中，只能够体验其中 3～4 处，等级为 B。

3. 聆听不同风格的音乐，能够体会更加丰富的音乐情绪或情感；通过聆听各少数民族的音乐，从中感受各民族音乐的风格或特点，但在完成任务的过程中，只能够体验其中 1～2 处，等级为 C。

（三）音乐体裁与形式

1. 聆听不同的音乐主题或故事情节的儿歌、童谣、进行曲和舞曲，并作出体态或音乐情感的反应，等级为 A。

2. 聆听不同的音乐主题或故事情节的儿歌、童谣、进行曲和舞曲，并作出体态或音乐情感的反应，但在完成任务的过程中，出现 1～2 处错误，等级为 B。

3. 聆听不同的音乐主题或故事情节儿歌、童谣、进行曲和舞曲，并作出体态或音乐情感的反应，但在完成任务的过程中，出现 3～4 处错误，等级为 C。

二、演唱

（一）歌曲演唱

1. 知道正确的演唱姿势，通过听辨，体会并学习演唱中呼吸支持的基本技巧，能够用自然的声音，采用不同的力度、速度表现歌曲的情绪，等级为 A。

2. 知道正确的演唱姿势，通过听辨，体会并学习演唱中呼吸支持的基本技巧，能够用自然的声音，采用不同的力度、速度表现歌曲的情绪，但在完成任务的过程中，只能够做到其中的 3～4 处，等级为 B。

3. 知道正确的演唱姿势，通过听辨，体会并学习演唱中呼吸支持的基本技巧，能够用自然的声音，采用不同的力度、速度表现歌曲的情绪，在完成任务的过程中，只能做到其中的 1～2 处，等级为 C。

（二）模唱乐谱

1. 认识唱名中的 do、mi、sol 三个骨干音，并进行三度内的模唱练习，用哼鸣模唱教材中选出的歌曲旋律，等级为 A。

2. 认识唱名中的 do、mi、sol 三个骨干音，并进行三度内的模唱练习，用哼鸣模唱教材中选出的歌曲旋律，但在完成任务的过程中，出现 1～2 处错误，等级为 B。

3. 认识唱名中的 do、mi、sol 三个骨干音，并进行三度内的模唱练习，用哼鸣模唱教材中选出的歌曲旋律，但在完成任务的过程中，出现 3～4 处错误，等级为 C。

三、音乐基本技能

（一）小乐器演奏

1. 在演奏中，演奏姿态自然，声音连贯、流畅、艺术表现力强，在演奏音的长短上完全正确，等级为 A。

2. 在演奏中，演奏姿态自然，声音连贯、流畅、艺术表现力强，在演奏音的长短上基本正确，等级为 B。

3. 在演奏中，演奏姿态自然，声音连贯、流畅、艺术表现力强，但在演奏音的长短上不正确，等级为 C。

（二）钢琴演奏

1. 乐理知识认知

（1）学习音乐中的速度语言、表情记号，能够准确听辨、拍打四分音符和八分音符，并感受╳ ╳ ╳—及其组成的简单节奏。进行简短的节奏组合练习，例如，╳ ╳ ╳—，完全正确，等级为A。

（2）学习音乐中的速度语言、表情记号，能够准确听辨、正确认知四分音符和八分音符，能区分四分音符和八分音符，但不能准确拍击出╳、╳—或及其组成的简单节奏或进行简短的节奏组合，例如，╳ ╳ ╳—，在完成任务的过程中，出现1～2处错误，等级为B。

（3）学习音乐中的速度语言、表情记号，能够准确听辨、正确认知四分音符和八分音符，但不能区分四分音符和八分音符，也不能够感受并认识╳、╳—或及其组成的简单节奏，或进行简短的节奏组合练习，例如，╳ ╳ ╳—，在完成任务的过程中，出现3～4处错误，等级为C。

2. 钢琴演奏

（1）能够准确认识钢琴各个音区，能够准确在钢琴中央C位置上演奏四分音符、八分音符、二分音符、全音符，双手能够准确地在钢琴中央C的位置交替演奏不同时值的音符，等级为A。

（2）能够区分钢琴各个音区，左右手能分别演奏四分音符的与八分音符，但不能够准确演奏四分音符与八分音符、二分音符、全音符的时值，等级为B。

（3）能够认识钢琴各个音区，左右手能分别演奏四分音符或八分音符，但不能准确区分四分音符与八分音符、二分音符、全音符时值，双手能够在钢琴中央C的位置演奏四分音符、八分音符、二分音符、全音符，但时值把握不够准确，等级为C。

四、创作与实践

能够用打击乐器或自寻音源探索声音的强弱、长短。能够在歌唱或聆听音乐时即兴地做动作。能够运用线条、色块、图形记录声音或音乐。

（一）即兴创作

1. 能够随着音乐有表情地进行律动、模仿动作。音乐游戏、学习歌表演、集体舞等中的音乐和动作的配合恰当，等级为A。

2. 能够随着音乐有表情地进行律动、模仿动作。音乐游戏、学习歌表演、集体舞等中的音乐和动作的配合比较恰当，等级为B。

3. 能够随着音乐有表情地进行律动、模仿动作。但音乐游戏、学习歌表演、集体舞等中的音乐和动作的配合不够恰当，等级为C。

（二）实践活动

1. 运用色块、图形、线条记录声音或音乐，色块的对比、图形的含义、线条的走向三项都做得比较到位，等级为A。

2. 运用色块、图形、线条记录声音或音乐，色块的对比、图形的含义、线条的走向中的两项做得比较到位，等级为B。

3. 运用色块、图形、线条记录声音或音乐，色块的对比、图形的含义、线条的走向中只有一项做得比较到位，等级为C。

第六章　三年级上学期

第一节　课程目标

一、阅读与欣赏

（一）音乐表现要素

1. 在单元音乐主题或背景下，能够跟随乐曲进行主题旋律哼唱，并在体态上作出相应的肢体动作。

2. 聆听西洋交响乐曲，认识其中的主奏乐器，例如，小提琴、圆号、木琴。

3. 能够感受并描述音乐中力度和速度的变化。

（二）音乐情绪与情感

1. 聆听不同的主题音乐，能够听辨出不同的音乐形象。

2. 能够运用肢体律动自然地表达不同的音乐形象。

（三）音乐体裁与形式

聆听少年儿童歌曲、颂歌、抒情歌曲这三种不同体裁和类别的歌曲，能够随着歌曲轻声哼唱。

二、演唱

（一）演唱

1. 知道正确的演唱姿势，通过听辨，掌握演唱技巧中的呼气方法。

2. 能够用自然的声音，采用不同的力度表现歌曲的情绪。

3. 能够对前奏作出正确的反应。

（二）模唱

1. 在学习了 do、mi、sol 三个音名的基础上，进一步学习 re、la 两个音名和进行模唱训练。

2. 用唱名模唱教材中选出的歌曲旋律。

三、音乐基本技能

（一）音乐知识

认识简谱音阶，初步认识并体会 2/4 的含义及强弱规律。

（二）钢琴演奏

1. 乐理知识认知

认识五线谱上的音乐标记，如小节、小节线、终止线等。认识五线谱上右手 do、re、mi 的位置，以及左手 do、si、la 的位置。

2. 钢琴演奏

左右手分别以钢琴中央 C 的位置为中心，认识键盘上右手的 do、re、mi，以及左手的 do、si、la，以全音符演奏以上音符。

四、创作与实践

能够用打击乐器或自寻音源探索声音的强弱、长短。能够在唱歌或聆听音乐时即兴地做动作。能够运用线条、色块、图形记录声音或音乐。

第二节　课程实施

单元整体教学案例
——健康歌

一、单元内容

表 5—2—1

阅读与欣赏	演唱	乐器演奏	创作与实践
歌曲《健康歌》、民乐合奏曲《武术》	歌曲《足球赛》	右手演奏 do、re、mi，左手演奏 do、si、la	音乐活动——趣味运动会

二、单元目标

1. 通过歌唱，训练学生正确的姿势及呼吸方法，使学生能够对前奏作出恰当的反应，能够用自然的声音有表情地演唱。

2. 通过欣赏歌曲、音乐创编活动，进一步培养学生的音乐感受力、表现力和创造力。

3. 根据创编内容，情绪与舞蹈律动能够保持一致，并参与表演。

4. 用正确的指法、规范的手型演奏钢琴。

三、单元课程实施

模块一：阅读与欣赏歌曲《健康歌》

1. 教具准备：关于“健康”的资料和书籍；歌曲《健康歌》的视频。

2. 教师以提问的方式，询问学生关于健康方面的问题，如果学生答不上来，可以小组讨论，也可以查阅资料。

3. 教师播放歌曲《健康歌》，学生体会歌曲的情绪，感受歌曲的节奏，以拍手的方式为歌曲打节奏。

4. 观看歌曲《健康歌》的视频资料，跟随歌曲演唱。

5. 在教师的带领下，学生根据韵律朗读歌词。

6. 在音乐的伴奏下，学生根据音乐节奏做律动。

7. 教师划分小组，各小组自由创编律动动作，以比赛方式表演。

8. 让学生总结这首歌曲的情绪与演唱风格。

【设计说明】

运用多种方式体会节奏在音乐中的变化。区分前八后十六附点音符，并能准确听辨。

9. 欣赏民乐合奏曲《武术》，教师播放音乐，介绍其中使用的吹奏乐器。

【设计说明】

复习已学过的乐器知识。

10. 学生分小组完成欣赏

第一步：初级讨论（乐器部分）。

第二步：中级讨论（曲调风格）。

第三步：完成小组欣赏报告书（落实到书面上来）。

11. 教师介绍弓弦乐器——二胡，学生欣赏时巩固乐器的学习。

【设计说明】

学生在自我总结时完成了自主学习，在学生学习热清高涨时，教师教授新知识，使学生记忆更牢固，同时，学习效果更好。

模块二：演唱歌曲《小小足球赛》

1. 教具准备：钢琴；足球赛视频；歌曲《小小足球赛》的音频资料。

2. 观看足球赛视频，学生总结足球赛的规则。

3. 播放歌曲《小小足球赛》，聆听歌词，学习与音乐情绪、节拍等乐理方面的知识。

4. 跟随教师按节奏读歌词。

5. 教师范唱，学生体会音乐情绪。

6. 学生学唱。

7. 学生分小组演唱，以比赛的方式激发学生用正确的演唱方法有表情地演唱。

8. 教师模打乐曲中前四后四分附点的节奏型。

9. 学生总结歌曲中的知识点，以及用怎样的方法演唱能够更好地带动情绪，有表情地演唱。

【设计说明】

以按节奏朗读歌词的方式让学生巩固所学的节奏知识，在歌曲学唱中，教师新授前四后四分附点的节奏型，使学生准确认知并能正确运用。

模块三：右手演奏 do、re、mi，左手演奏 do、si、la。

1. 教具准备：钢琴、乐谱。

2. 教师讲解关于钢琴演奏的方法，复习演奏的手型，找出钢琴中央 C 的位置。

3. 右手演奏 do、re、mi，左手演奏 do、si、la。

4. 双手用全音符交替演奏 do、re、mi、do、si、la。

【设计说明】

通过左右手认识音符，让学生完全掌握每个音的位置及演奏方法。

模块四：歌曲《趣味运动会》

1. 教具准备：乒乓球、跳绳、足球。

2. 教师拿出准备好的教具：乒乓球、跳绳、足球，提问学生这些属于什么运动。

3. 教师在黑板上写出几种不同的节奏，模打后，学生猜这是哪种运动。

4. 学习教材中简单的运动音乐，根据音乐，边活动边演唱歌曲。

5. 学生以小组为单位，创编与运动有关的节奏。

6. 教师模仿某种节奏让学生猜。

7. 以小组为单位创编关于“运动”的简单旋律。

【设计说明】

寻找并感受运动中的音乐节奏，使学生明确音乐来源于生活，艺术是对生活的提炼与升华。

8. 单元乐曲律动。

(1) 学生完整聆听本单元乐曲：《健康歌》《小小足球赛》，复习乐曲风格。

(2) 分组选择不同乐曲或歌曲，分析乐曲，寻找动态。

(3) 小组根据乐曲进行动作创编和串连。

(4) 复听乐曲并完善动作。

(5) 各小组汇报、点评。

【设计说明】

运用律动创编的形式复习本单元乐曲和歌曲，实现欣赏、演唱和实践的完美结合。

四、单元评价

1. 学生在聆听作品的过程中是否感到愉悦；在阅读相关资料时是否认真。

2. 学生的音乐体验与模仿能力、表现能力是否有所提高。

3. 在演唱歌曲时，学生是否能够根据歌词的含义有表情地演唱。

4. 学生在设计音乐游戏时是否有创新精神。

第三节　课程评价

一、阅读与欣赏

(一) 音乐表现要素

1. 在单元音乐主题或背景下，能够跟随乐曲进行主题旋律哼唱，并在体态上作出相应的肢体动作，聆听西洋交响乐曲，认识其中的主奏乐器，能够感受并描述音乐中力度和速度的变化，等级为A。

2. 在单元音乐主题或背景下，能够跟随乐曲进行主题旋律哼唱，并在体态上作出相应的肢体动作，聆听西洋交响乐曲，认识其中的主奏乐器，能够感受并描述音乐中力度和速度的变化，但在完成任务的过程中，出现1～2处错误，等级为 B。

3. 在单元音乐主题或背景下，能够跟随乐曲进行主题旋律哼唱，并在体态上作出相应的肢体动作，聆听西洋交响乐曲，认识其中的主奏乐器，能够感受并描述音乐中力度和速度的变化，但在完成任务的过程中，出现 3～4 处错误，等级为 C。

（二）音乐情绪与情感

1. 聆听不同单元主题的音乐，能够听辨出不同的音乐形象，能够运用肢体律动自然地表达不同的音乐形象，等级为 A。

2. 聆听不同单元主题的音乐，能够听辨出不同的音乐形象，能够运用肢体律动自然地表达不同的音乐形象，但在完成任务的过程中，出现 1～2 处错误，等级为 B。

3. 聆听不同单元主题的音乐，能够听辨出不同的音乐形象，能够运用肢体律动自然地表达不同的音乐形象，但在完成任务的过程中，出现 3～4 处错误，等级为 C。

（三）音乐体裁与形式

1. 聆听少年儿童歌曲、颂歌、抒情歌曲，能正确区分体裁和类别，能够随着歌曲轻声哼唱，等级为 A。

2. 聆听少年儿童歌曲、颂歌、抒情歌曲，区分体裁和类别时大部分正确，能随着歌曲轻声哼唱，等级为 B。

3. 聆听少年儿童歌曲、颂歌、抒情歌曲，对体裁和类别区分不太正确，能随着歌曲轻声哼唱，等级为 C。

二、演唱

（一）歌曲演唱

1. 知道正确的演唱姿势，通过听辨，掌握演唱技巧中的呼气方法，能够用自然的声音，采用不同的力度表现歌曲的情绪，能够对前奏作出正确的反应，等级为 A。

2. 知道正确的演唱姿势，通过听辨，掌握演唱技巧中的呼气方法，能够用自然的声音，采用不同的力度表现歌曲的情绪，能够对前奏作出反应，在完成任务的过程中，能够做到其中 3～4 处，等级为 B。

3. 知道正确的演唱姿势，通过听辨，掌握演唱技巧中的呼气方法，能够用自然的声音，采用不同的力度表现歌曲的情绪，能够对前奏作出反应，在完成任务的过程中，只能够做到其中 1～2 处，等级为 C。

（二）模唱乐谱

1. 在学习了 do、mi、sol 三个音名的基础上，进一步学习 le、la 两个音名的认知，进行模唱训练，用唱名模唱教材中选出的歌曲旋律，等级为 A。

2. 在学习了 do、mi、sol 三个音名的基础上，进一步学习 le、la 两个音名的认知，进行模唱训练，用唱名模唱教材中选出的歌曲旋律，在完成任务的过程中，出现1～2处错误，等级为 B。

3. 在学习了 do、mi、sol 三个音名的基础上，进一步学习 le、la 两个音名的认知，进行模唱训练，用唱名模唱教材中选出的歌曲旋律，在完成任务过程中，出现 3～4 处错误，等级为 C。

三、音乐基本技能

（一）乐理知识认知

1. 能够认识五线谱上的小节、小节线、终止线，认识五线谱上右手 do、re、mi 的位置，以及左手 do、si、la 的位置，等级为 A。

2. 能够认识五线谱上的小节、小节线、终止线，认识五线谱上的各个音符，等级为 B。

3. 能够认识五线谱上的小节、小节线、终止线，不能够认识左右手演奏的音符，等级为 C。

（二）钢琴演奏

1. 左右手能够分别以钢琴中央 C 位置为中心，按照全音符的时值，熟练地分手演奏，包括右手演奏 do、re、mi，以及左手演奏 do、si、la，等级为 A。

2. 左右手能够分别以钢琴中央 C 为中心，按照全音符的时值，不够熟练地分手演奏 do、re、mi 和 do、si、la，等级为 B。

3. 左右手能够分别以钢琴中央 C 为中心，不能按照全音符的时值，不够熟练地分手演奏 do、re、mi 和 do、si、la，等级为 C。

四、创作与实践

（一）即兴创作

1. 能够即兴创编与歌曲情绪一致的律动或舞蹈，并参与表演，音乐和动作相配合，等级为 A。

2. 能够即兴创编与歌曲情绪一致的律动或舞蹈，并参与表演，音乐和动作大部分相配合，等级为 B。

3. 能够即兴创编同歌曲情绪一致的律动或舞蹈，并参与表演，但音乐和动作不相配合，等级为 C。

（二）实践活动

1. 能够利用所学的节奏型，创编 2～4 小节的节奏短句，且短句符合创作规律，节奏感强，等级为 A。

2. 能够利用所学的节奏型，创编 2～4 小节的节奏短句，且短句符合创作规律，但节奏感平淡，等级为 B。

3. 能够利用所学的节奏型，创编 2～4 小节的节奏短句，但部分短句符合创作规律，节奏感不强，等级为 C。

第七章　三年级下学期

第一节　课程目标

一、阅读与欣赏

（一）音乐表现要素

1. 在单元音乐主题或背景下，能够跟随乐曲进行主题旋律哼唱，并在体态上作出相应的肢体动作。

2. 聆听西洋交响乐曲，认识其中的主奏乐器。了解乐器的基本构造、演奏姿势和音色特点。

3. 聆听中国民族合奏乐曲，认识乐曲中的主奏乐器，例如，琵琶、笛子、二胡。

（二）音乐情绪与情感

1. 聆听不同主题的音乐，能够听辨出不同的音乐形象，并用语言进行简单描述。

2. 能够运用肢体律动自然地表达不同的音乐形象。

（三）音乐体裁与形式

聆听少年儿童歌曲、少数民族儿童歌曲、抒情歌曲三种不同体裁和类别的歌曲，能够随着歌曲轻声哼唱。

二、演唱

（一）演唱

1. 确立正确的演唱姿势，通过已学过的正确呼气方法，注意演唱时气息的运用，努力达到演唱时口腔打开的良好状态。

2. 能够运用自然的声音，采用不同的力度和速度表现出歌曲的情绪。

（二）模唱

1. 进行 do、lai、mi、sol、la 的音准模唱训练。

2. 用唱名模唱教材中选出的歌曲旋律。

三、音乐基本技能

（一）音乐知识

1. 认识 3/4、4/4 拍的含义及其强弱规律。

2. 掌握全音符、二分音符、四分音符和八分音符的时值。

（二）钢琴演奏

1. 乐理知识认知

了解 2/4 拍、3/4 拍、4/4 拍的含义，掌握四分音符、八分音符、二分音符和全音符的节奏。

（三）钢琴演奏

1. 演奏左、右手音阶 do，re，mi，fa，sol。

2. 演奏不同时值的四分音符、八分音符、二分音符、全音符，双手交替演奏。

四、创作与实践

1. 能够即兴创编与歌曲情绪一致的律动或舞蹈，并参与表演。

2. 能够利用所学的节奏型创作 2～4 小节的节奏短句。

第二节　课程实施

单元整体教学案例

——小乐队

一、单元内容

表 6—2—1

阅读与欣赏	演唱	乐器演奏	创作与实践
欣赏合唱《小乐队》、民乐小合奏《紫竹调》	歌曲《法国号》	钢琴演奏《法国号》感受三拍子律动	音乐活动——我们的小乐队；学生自制小乐器；用乐器演奏歌舞

二、单元目标

1. 鼓励学生相互合作、自己动手，或在家长的监督、帮助下自制一至两件简单的“小乐器”。

2. 用正确的方法，有兴致地演唱歌曲《法国号》。

3. 用钢琴或自制乐器为演唱的同学伴奏。

4. 在欣赏歌曲《小乐队》时能够听辨出各个声部的旋律，能够用自制乐器为乐曲伴奏，并通过阅读掌握相关资料。

5. 欣赏民乐小合奏《紫竹调》，复习民族乐器知识，初步认识、了解和熟悉西洋乐器的外形与音色。尝试区分中国民族乐器合奏与西洋管弦乐队乐器合奏的音色。

三、单元课程实施

模块一：合唱歌曲《小乐队》

1. 教具准备：歌曲《小乐队》的音频资料；学生自制的小乐器；乐器图片。

2. 教师介绍圆号，并出示圆号图片，然后，介绍另外四件西洋乐器的外形及音色。

3. 阅读关于西洋乐器的书籍。

4. 完整听赏歌曲《小乐队》，请学生说出歌曲中运用的乐器的名称，并将乐器名称与图形或实物相对应起来。

5. 请同学介绍四种乐器的外形及音色。

6. 欣赏合唱曲《小乐队》。

7. 分组熟悉歌曲《小乐队》各声部的旋律。

8. 各组用自制打击乐器为歌曲演唱声部，并配1～2小节的固定节奏音型伴奏。

9. 教师按任意顺序演奏一遍和声部主题，学生以组为单位迅速作出反应并配上自编的伴奏。

10. 完整欣赏歌曲《小乐队》的演唱录音，听辨出歌曲的演唱顺序。

11. 各组创编表现3/4拍节奏规律的简单的舞蹈或律动。

12. 跟随歌曲《小乐队》的演唱录音，各组用自编的舞蹈、律动来表现声部演唱的顺序。

【设计说明】

通过自制小乐器选用合适的节奏型，以小组创作的形式让学生表达自己对音乐的理解并运用到实践中。

13. 欣赏民乐小合奏《紫竹调》，初听乐曲，感受民乐乐曲风格。

14. 分析乐曲中的演奏乐器，复习上学期所学的内容。

15. 复听乐曲，学生可分组进行模仿演奏。

【设计说明】

通过完整的民族乐器合奏，感受不同民族乐器在同一首乐曲中的不同音色特点，以及合奏时和谐的音色旋律。

模块二：演唱歌曲《法国号》

1. 教具准备：圆号音频片段；乐器图片；《法国号》的音频资料。

2. 教师简介圆号。

（1）学生听用圆号吹奏的音乐片段。

（2）请学生从歌曲《小乐队》中运用的五种乐器的图片中，找出歌曲所使用的乐器。

（3）教师简介圆号（也称“法国号”）。导入歌曲《法国号》。

3. 学唱歌曲《法国号》。

（1）听歌曲《法国号》的范唱音频。

（2）学唱歌曲，并让学生寻找歌曲创作的规律。

（3）教师引导、提示学生用浑厚而有弹性的声音模仿和表现法国号的音色；用连贯而充满激情的声音表现自信的“我”。

（4）待学生演唱歌曲熟练后，加入示范律动，边唱边拍。

4. 进一步掌握 3/4 拍的节奏律动。

（1）请学生自己创造不同的声势，表现 3/4 拍的强弱规律。

（2）以组为单位选择不同的律动形式并将其加入到自己的演唱中。

【设计说明】

运用多种方式，让学生认识、了解法国号，用适当的演唱音色诠释歌曲的内容。

模块三：感受三拍子律动；钢琴演奏

1. 教具准备：钢琴；歌曲《法国号》的乐谱。

2. 复习歌曲《法国号》，演唱歌曲并演唱乐谱。

3. 学生用自制乐器为乐曲伴奏，体会节奏的强弱感。

4. 演奏音阶 do、re、mi、fa、sol，熟悉音位。

5. 教师教学生用钢琴演奏歌曲《法国号》。

6. 学生自主练习，教师分别指导。

7. 找出演奏表现突出的同学进行演奏。

8. 学生能够自己演奏后，以小组为单位，由教师划分演奏钢琴和乐器伴奏的人员，进行小组合作。

9. 教师再找出三拍子典型乐曲让学生聆听，学生凭音乐感觉用自制乐器为乐曲伴奏。

【设计说明】

在弹奏乐曲中，让学生体会三拍子的节奏规律并巩固演奏方法。感受独奏与齐奏的配合效果。

模块四：音乐活动——我们的小乐队

1. 教具准备：歌曲《法国号》的音频资料；学生自制的乐器。

2. 复习上节课内容。

（1）学生共同复习演唱歌曲《法国号》，并背唱歌曲。

（2）学生自己边唱边表现 3/4 拍节拍强弱变化的声势。

3. 教师请学生展示自制的乐器，并请学生按乐器类型（皮质类、散响类、木质类、金属类以及有音高变化的和能发出特殊音响的）分组站立。

4. 教师请全班同学分为两声部，分别用各自的小乐器表现两种节奏型，并相互配合。

【设计说明】

运用多种类型的自制乐器组合演奏，复习、巩固三拍子的强弱规律及不同节奏型间的配合。

5. 单元活动拓展。

（1）复习聆听本单元乐曲和歌曲，学生自由分组，成立自己的小乐队。

（2）选择本单元学习的乐曲或歌曲进行创编演奏，形式可多选。

（3）小组排演，教师进行指导。

（4）小组汇演，并进行点评。

【设计说明】

复习本单元乐曲和歌曲的同时，提升了学生自我感受音乐和表达音乐的能力。

四、单元评价

1. 能否较准确地运用教师所教的演奏方法，准确表现歌曲情绪。

2. 能否说出 3/4 拍的强弱规律，并在同一速度下用声势教学为自己的演唱正确地伴奏。

4. 能否积极、主动、有效地与小组同学讨论，进行排练与展示等活动。

5. 在欣赏乐曲前是否能够收集足够的资料，通过小组讨论，掌握这些阅读资料。

第三节　课程评价

一、阅读与欣赏

（一）音乐表现要素

1. 在单元音乐主题或背景下，能够跟随乐曲进行主题旋律哼唱，并在体态上作出相应的肢体动作；在欣赏西洋交响乐曲时，能够认识其中的主奏乐器；在聆听中国民族合奏乐曲，认识乐曲中的主奏乐器，等级为 A。

2. 在单元音乐主题或背景下，能够跟随乐曲进行主题旋律哼唱，并在体态上作出相应的肢体动作；在欣赏西洋交响乐曲时，能够认识其中主奏乐器；在聆听中国民族合奏乐曲，认识乐曲中的主奏乐器，但在完成任务的过程中，出现 1～2 处错误，等级为 B。

3. 在单元音乐主题或背景下，能够跟随乐曲进行主题旋律哼唱，并在体态上作出相应的肢体动作；在欣赏西洋交响乐曲时，能够认识其中的主奏乐器；在聆听中国民族合奏乐曲，认识乐曲中的主奏乐器，但在完成任务的过程中，出现 3～4 处错误，等级为 C。

（二）音乐情绪与情感

1. 聆听不同单元主题的音乐，能够听辨出不同的音乐形象，并用语言作简单描述，能够运用肢体律动自然表达不同的音乐形象，等级为 A。

2. 聆听不同单元主题的音乐，能够听辨出不同的音乐形象，并用语言作简单描述，能够运用肢体律动自然表达不同的音乐形象，但在完成任务的过程中，出现 1～2 处错误，等级为 B。

3. 聆听不同单元主题的音乐，能够听辨出不同的音乐形象，并用语言作简单描述，能够运用肢体律动自然表达不同的音乐形象，但在完成任务的过程中，出现 3～4 处错误，等级为 C。

（三）音乐体裁与形式

1. 聆听少年儿童歌曲、少数民族儿童歌曲、抒情歌曲三种不同体裁和类别的歌曲，能够随着歌曲轻声哼唱，等级为 A。

2. 聆听少年儿童歌曲、少数民族儿童歌曲、抒情歌曲三种不同体裁和类别的歌曲，能够随着歌曲轻声哼唱，但在完成任务的过程中，出现 1～2 处错误，等级为 B。

3. 聆听少年儿童歌曲、少数民族儿童歌曲、抒情歌曲三种不同体裁和类别的歌曲，能够随着歌曲轻声哼唱，但在完成任务的过程中，出现 3～4 处错误，等级为 C。

二、演唱

（一）歌曲演唱

1. 运用正确的演唱姿势，通过已学会的正确呼气方法，注意演唱时气息的运用，努力达到演唱时口腔打开的良好状态，能够运用自然的声音，采用不同的力度、速度表现歌曲的情绪，等级为 A。

2. 运用正确的演唱姿势，通过已学会的正确呼气方法，注意演唱时气息的运用，努力达到演唱时口腔打开的良好状态，能够运用自然的声音，采用不同的力度、速度来表现歌曲的情绪，但在完成任务的过程中，只能够做到其中3～4处，等级为 B。

3. 运用正确的演唱姿势，通过已学会的正确呼气方法，强调注意演唱时气息的运用，努力达到演唱时口腔打开的良好状态，能够运用自然的声音，采用不同的力度、速度来表现歌曲的情绪，但在完成任务的过程中，只能做到其中1～2处，等级为 C。

（二）模唱乐谱

1. 能用 do、re、mi、sol、la 等音名模唱，用唱名模唱教材中选出的歌曲旋律，且完全正确，等级为 A。

2. 能用 do、re、mi、sol、la 等音名模唱，用唱名模唱教材中选出的歌曲旋律，但在完成任务的过程中，出现 1～2 处错误，等级为 B。

3. 能用 do、re、mi、sol、la 等音名模唱，用唱名模唱教材中选出的歌曲旋律，但在完成任务的过程中，出现 3～4 处错误，等级为 C。

三、音乐基本技能

（一）乐理知识认知

1. 能够听辨出 3/4 拍、4/4 拍，并准确说出其含义及强弱规律，准确拍打四分音符、八分音符、二分音符、全音符的时值，等级为 A。

2. 能够听辨出 3/4 拍、4/4 拍，并准确说出其含义及强弱规律，能够拍打四分音符、八分音符、二分音符、全音符的时值，但在完成任务的过程中，出现 1～2 处错误，等级为 B。

3. 能够听辨出 3/4 拍、4/4 拍，并准确说出其含义及强弱规律，能够拍打四分音符、八分音符、二分音符、全音符的时值，但在完成任务的过程中，出现 3～4 处错误，等级为 C。

（二）钢琴演奏

1. 能够双手交替演奏不同时值的音符，包括四分音符、八分音符、二分音符、全音符，等级为 A。

2. 能够分手演奏四分音符、八分音符、二分音符、全音符，时值演奏准确，等级为 B。

3. 能够分手演奏四分音符、八分音符、二分音符、全音符，但时值演奏不够准确，等级为 C。

四、创作与实践

（一）即兴创作

1. 能够即兴创编与歌曲情绪一致的律动或舞蹈，并参与表演，音乐和动作相配合，等级为 A。

2. 能够即兴创编与歌曲情绪一致的律动或舞蹈，并参与表演，音乐和动作大部分相配合，等级为 B。

3. 能够即兴创编与歌曲情绪一致的律动或舞蹈，并参与表演，但音乐和动作不相配合，等级为 C。

（二）实践活动

1. 能够利用所学的节奏型创作 2～4 小节的节奏短句，且短句符合创作规律，节奏感强，等级为 A。

2. 能够利用所学的节奏型创作 2～4 小节的节奏短句，且短句符合创作规律，但节奏感平淡，等级为 B。

3. 能够利用所学的节奏型创作 2～4 小节的节奏短句，但只有部分短句符合创作规律，节奏感不强，等级为 C。

第八章　四年级上学期

第一节　课程目标

一、阅读与欣赏

(一) 音乐表现要素

1. 能听辨不同类型的女声和男声。初步了解不同的演唱方法，例如，美声、民族、通俗、原生态。

2. 聆听西洋交响乐曲，听辨其乐器音色，例如，小提琴、大提琴。

3. 聆听民族合奏乐曲，认识其中的主奏乐器，并了解乐器的基本构造、演奏姿势和音色特点。

(二) 音乐情绪与情感

聆听不同主题单元的音乐并简述音乐情绪的变化。

(三) 音乐体裁与形式

聆听不同民族的儿歌、童谣及小型器乐曲或乐曲片段，感受其风格特点。

二、演唱

(一) 歌曲演唱

1. 运用积极的演唱状态有表情地演唱歌曲，以培养学生独立、自信的歌唱能力。

2. 学习轮唱、齐唱的演唱方法。

3. 运用已学过的演唱方法，每学年能够背唱歌曲 4～5 首。

(二) 模唱乐谱

巩固训练 do、re、mi、sol、la，同时加入 fa、si 的学习。

三、基本乐理技能

（一）乐理知识认知

1. 节奏、节拍方面：结合所学歌曲，认识四分和八分休止符，以及在五线谱上的四分、八分休止符。认识前八后十六和前十六后八的节奏型，进行简单节奏组合的模打训练。

2. 认识五线谱中的 fa、sol。

3. 常用记号方面：例如，反复记号、小节线、终止线、呼吸记号等。

（二）钢琴演奏

1. 用正确的演奏方法双手交替或同时演奏 do、re、mi、fa、sol、la、si、do。

2. 演奏不同时值的音符，包括四分音符、八分音符、二分音符、全音符。

2. 在所学课程中，找出适合的乐曲进行识谱演奏练习。

四、创作与实践

1. 能够即兴创编与歌曲情绪一致的律动或舞蹈，即兴创编音乐游戏并参与表演。

2. 能够创作 4～6 小节 2/4 节拍的节奏短句。

第二节　课程实施

单元整体教学案例

——民族的节日

一、单元内容

表 7—2—1

阅读与欣赏	演唱	乐理知识小乐器演奏	创作与实践
欣赏弹拨乐合奏《塔吉克的节日》、中阮独奏《火把节之夜》、西洋管弦乐合奏《青春舞曲》	歌曲《那达慕之歌》	掌握八分休止符的时值，钢琴演奏《那达慕之歌》	音乐活动——欢腾的那达慕

二、单元目标

1. 能有感情地演唱歌曲《那达慕之歌》，吐字清晰，唱出气势。

2. 能静心、专注地欣赏音乐，并能听出音乐中各段落不同的情绪和速度，能初步辨认民族乐器中几种乐器及其音色。

3. 通过音乐活动，能创造性地利用课本上的素材或添加自己创造的素材来表现欢腾的“那达慕”。

4. 在教师的指导下，能够演奏歌曲《那达慕之歌》，并掌握其中的八分休止符。

三、单元课程实施

模块一：欣赏弹拨乐合奏《塔吉克的节日》、中阮独奏《火把节之夜》和西洋管弦乐合奏《青春舞曲》

1. 教具准备：弹拨乐合奏《塔吉克的节日》、中阮独奏《火把节之夜》和西洋管弦乐曲《青春舞曲》的音频资料。

2. 导入。

师：同学们都知道哪些少数民族？他们有什么样特点？在音乐方面，你了解多少？

3. 学生阅读关于少数民族的书籍，以小组形式进行讨论、总结。

4. 教师介绍塔吉克族与彝族的民族特点，学生作补充。

5. 教师播放弹拨乐合奏《塔吉克的节日》，问学生：能否说出这首乐曲运用的几种演奏乐器？音乐特点及音乐感觉如何？

6. 播放中阮独奏《火把节之夜》，问学生：能否说出这首乐曲的几种演奏乐器？音乐特点及音乐感觉如何？

7. 找出两首乐曲的相同与不同之处。

8. 教师介绍这两首乐曲的不同代表性乐器及两首乐曲的音乐特点。

9. 小组讨论，总结民族乐器、乐曲风格特点。

10. 欣赏西洋管弦乐合奏《青春舞曲》，对比欣赏，让学生在欣赏中感受民族乐器和西洋乐器的不同音色特点。

【设计说明】

在欣赏中感受少数民族乐曲不同风格特点的同时，学习各少数民族不同的乐器构造、音色及演奏特点，增加学生的音乐知识。

模块二：学唱歌曲《那达慕之歌》

1. 教具准备：歌曲《那达慕之歌》的音频资料；钢琴。

2. 师：在上节课，我们了解了塔吉克这个民族，了解了彝族的火把节，这节课老师还要向你们介绍一个民族，那就是蒙古族。

3. 观看一段关于那达慕大会的视频资料，了解蒙古族的民族性节日。

4. 学唱歌曲《那达慕之歌》

(1) 播放歌曲《那达慕之歌》的音频资料，使学生对歌曲的内容及情绪有一个大致的了解。

(2) 学生随范唱的音频朗读歌词，再跟随教师琴声学唱歌词。

(3) 用听唱法学唱歌谱，引导学生注意其中相同的部分，注意歌曲中前八后十六的附点节奏。

(4) 学生随伴奏带再学唱几遍歌词，要求学生吐字清晰，感情投入。

5. 感受乐曲结束的 f——p 的不同力度，并思考表达了什么样的感情，分小组讨论，应该如何处理这里的感情。

6. 全班齐唱，教师总结。

【设计说明】

在学习歌曲中，体会蒙古族歌曲欢快的曲风，培养学生演唱时对声音的控制能力。

模块三：掌握八分休止符的时值，钢琴演奏歌曲《那达慕之歌》

1. 教具准备：歌曲《那达慕之歌》的乐谱、钢琴、《那达慕之歌》的音频资料。

2. 复习歌曲《那达慕之歌》，学生有表情地齐唱。

3. 在乐曲中找出八分休止符，进行模打节奏。可以以小组为单位，创编包含八分休止符的节奏型。

4. 教师教授歌曲《那达慕之歌》的乐谱及指法。

5. 学生跟随教师分小节弹奏。

6. 学生齐奏，找出不熟练的地方，进行个别练习。

【设计说明】

通过演奏歌曲《那达慕之歌》，让学生掌握顿音和重音的演奏技巧，在欢乐的氛围中体会乐曲的情感表达。

模块四：音乐活动——欢腾的那达慕

1. 教具准备：歌曲《那达慕之歌》的音频资料；关于那达慕节日盛况的资料。

2. 师：今天由同学们组织一场“那达慕大会”，我们来看看这个“大会”上都有哪些活动。

3. 教师播放那达慕节日盛况。

4. 学生总结有哪些活动。

5. 教师要求学生以小组合作的方式，共同来创造、表现这几种活动。

6. 教师给出提示，包括各种节奏，例如，摔跤、射箭、骑马的不同节奏型。

7. 学生自由选择和创编教师给出的提示节奏，也可加入声像，例如，跟随节奏喊出“嗨”，为活动增加气氛。

8. 学生活动结束后，分组进行讨论、交流，也可与教师共同商讨。教师进行指导，要注意尊重学生的意见。

【设计说明】

拓展训练以增强歌曲的表现力。通过对蒙古族文化活动的进一步了解，感受音乐中的节奏与生活中声响的关系。

四、单元评价

1. 学生在欣赏音乐时能否掌握阅读资料，并能安静地聆听歌曲。

2. 演唱歌曲时能否有感情地演唱，并且歌声整齐。

3. 学生在活动中表现出来的组织、合作、交流和创新能力。

4. 学生能否用正确的指法顺利地演奏出歌曲。

第三节　课程评价

一、阅读与欣赏

（一）音乐表现要素

1. 能听辨不同类型的女声和男声，能够说出不同的演唱方法；听辨西洋交响乐的乐器音色，了解不同的演唱方法；聆听民族合奏乐曲，认识其中的主奏乐器，等级为A。

2. 能听辨不同类型的女声和男声，能够说出不同的演唱方法；听辨西洋交响乐的乐器音色了解不同的演唱方法；聆听民族合奏乐曲，认识其中的主奏乐器，但在完成任务的过程中，出现1～2处错误，等级为B。

3. 能听辨不同类型的女声和男声，能够说出不同的演唱方法；听辨西洋交响乐的乐器音色了解不同演唱方法；聆听民族合奏乐曲，认识其中的主奏乐器，但在完成任务的过程中，出现3～4处错误，等级为C。

（二）音乐情绪与情感

1. 能够体验音乐情绪的变化，表达的观点明确，能用自己的语言、合适的词语恰当地表达音乐情感，等级为A。

2. 能够体验音乐情绪的变化，表达的观点比较明确，能用自己的语言、合适的词语基本把握音乐情感，等级为B。

3. 能够体验音乐情绪的变化，但表达的观点模糊，用词不恰当，等级为C。

（三）音乐体裁与形式

1. 能够聆听出不同民族的儿歌、童谣及小型器乐曲或乐曲片段，感受其风格特点，等级为A。

2. 能够聆听出不同民族的儿歌、童谣及小型器乐曲或乐曲片段，感受其风格特点，感受不同的风格时大部分正确，等级为B。

3. 能够聆听出不同民族的儿歌、童谣及小型器乐曲或乐曲片段，感受其风格特点，但在感受不同的风格时只有部分正确，等级为C。

二、演唱

（一）歌曲演唱

1. 以积极的演唱状态有表情地歌唱，能够用自然的声音、准确的节奏和音调，有表情地独唱或参与齐唱、轮唱。每学年能掌握4～5首歌曲，等级为A。

2. 以积极的演唱状态有表情地歌唱，能够用自然的声音、准确的节奏和音调，有表情地进行独唱或参与齐唱、轮唱。每学年能掌握3～4首歌曲，等级为B。

3. 以积极的演唱状态有表情地歌唱，能够用自然的声音、准确的节奏和音调有表情地独唱或参与齐唱、轮唱。每学年能掌握1～2首歌曲，等级为C。

（二）模唱乐谱

1. 掌握do、re、mi、sol、la的模唱，加入对fa、si的训练，能够完成以上任务，等级为A。

2. 掌握 do、re、mi、sol、la 的模唱，加入对 fa、si 的训练，在完成任务的过程中，有 1～2 处错误，等级为 B。

3. 掌握 do、re、mi、sol、la 的模唱，加入对 fa、si 的训练，在完成任务的过程中，有 3～4 处错误，等级为 C。

三、音乐基本技能

（一）乐理知识认知

1. 能够正确识别四分和八分休止符，并在五线谱上识别 fa、sol、四分休止符、八分休止符及一些常用记号，并能正确模打 3～4 小节简单的节奏组合，等级为 A。

2. 正确识别四分和八分休止符。并在五线谱上识别 fa、sol、四分休止符、八分休止符及一些常用记号，并模打 3～4 小节简单的节奏组合，但在完成任务过程中，有 1～2 处错误，等级为 B。

3. 正确识别四分和八分休止符并在五线谱上识别 fa、sol、四分休止符、八分休止符及一些常用记号，并模打 3～4 小节简单节奏组合，但在完成任务的过程中，有 2～3 处错误，等级为 C。

（二）钢琴演奏

1. 用正确的演奏方法，用不同的时值双手交替或同时演奏 do、re、mi、fa、sol、la、si、do，时值包括四分音符、八分音符、二分音符、全音符，同时，能够熟练地演奏课程中的乐曲，等级为 A。

2. 用正确的演奏方法，用不同的时值双手交替或同时演奏 do、re、mi、fa、sol、la、si、do，时值包括四分音符、八分音符、二分音符、全音符，但不能熟练地演奏课程中的乐曲，等级为 B。

3. 用正确的演奏方法，不能双手同时演奏不同时值的 do、re、mi、fa、sol、la、si、do，时值包括四分音符、八分音符、二分音符、全音符，但不能熟练地演奏课程中的乐曲，等级为 C。

四、创作与实践

（一）即兴创作

1. 能够即兴创编与歌曲情绪一致的律动或舞蹈，即兴创编音乐游戏并参与表演，且创编与音乐紧密结合，想法新颖，等级为 A。

2. 能够即兴创编与歌曲情绪一致的律动或舞蹈，即兴创编音乐游戏并参与表演，且创编与音乐结合较好，想法比较新颖，等级为 B。

3. 能够即兴创编与歌曲情绪一致的律动或舞蹈，即兴创编音乐游戏并参与表演，但创编没有与音乐结合起来，想法平淡，等级为 C。

（二）创作实践

1. 能够运用所学节奏型创作 4～6 小节的 2/4 节拍的节奏短句，且短句的结构完整，前后连贯，表现力较强，等级为 A。

2. 能够运用所学节奏型创作 4～6 小节的 2/4 节拍的节奏短句，且短句的结构完整，前后比较连贯，表现力一般，等级为 B。

3. 能够运用所学节奏型创作 2～4 小节的 2/4 节拍的节奏短句，且短句的结构完整，但表现力一般，等级为 C。

第九章　四年级下学期

第一节　课程目标

一、阅读与欣赏

（一）音乐表现要素

1. 能听辨不同类型的女声和男声；能够区分不同的演唱方法，例如，美声、民族、通俗、原生态。

2. 聆听民族合奏乐曲，听辨其音色特点，例如，唢呐、笛子。

3. 初步了解京剧角色和基本唱腔等。

（二）音乐情绪与情感

聆听不同主题单元的音乐，并简述音乐情绪的变化。

（三）音乐体裁与形式

聆听不同民族的儿歌、童谣及小型器乐曲或戏曲片段，感受其风格特点。

二、演唱

（一）歌曲演唱

1. 加强气息训练，区分连音唱法和跳音唱法。

2. 学生能以积极的演唱状态，有表情地演唱歌曲，培养学生独立、自信的歌唱能力。

3. 运用已学过的演唱方法，每学年能够背唱歌曲 4～5 首。

（二）模唱乐谱

完整音阶的音准模唱训练。

三、音乐基本技能

（一）乐理知识认知

1. 节奏、节拍方面：结合所学歌曲，认识二分休止符和全休止符，并在五线谱上识别二分、全休止符、la、si。

2. 对简单节奏进行模打训练，例如，四分节奏型、八分节奏型。

(二) 钢琴演奏

1. 用正确的指法、规范的手型、统一的节奏，双手演奏 1～2 个八度音阶。

2. 有表情地演奏课程中的曲目。

四、创作与实践

能够即兴创编与歌曲情绪一致的律动或舞蹈，即兴创编音乐游戏并参与表演；能够创作 4～6 小节的节奏短句。

第二节　课程实施

单元整体教学案例

——花的旋律

一、单元内容

表 8—2—1

欣赏与阅读	演唱	乐理知识与乐器演奏	创作与实践
欣赏歌曲《樱花》、管弦乐合奏《茉莉花》(歌剧《图兰朵》选段)	歌曲《茉莉花》	模打四分节奏、八分节奏　钢琴演奏《茉莉花》	音乐活动——百花园

二、单元目标

1. 通过阅读、欣赏相关资料，了解地域文化，以及各地的音乐风格与特点。

2. 通过演唱歌曲，能够根据歌曲的情绪，有感情地演唱。能够做到演唱姿势大方、得体，且演唱方法正确，而不喊、不嚷。

3. 根据乐曲知识、音乐标记，用正确的指法演奏乐谱。

4. 通过音乐活动，发挥学生的想象力、创造力，培养学生的合作能力。

三、单元课程实施

模块一：欣赏歌曲《樱花》、管弦乐合奏《茉莉花》(歌剧《图兰朵》选段)。

1. 教具准备：日本歌曲《樱花》的音频。

2. 教师带领学生共同阅读关于日本音乐的书籍，了解日本文化与音乐特点。

3. 聆听日本代表性歌曲《樱花》。

4. 师：说出你的感受，听完这首乐曲，你眼前看到的是什么？这首乐曲的情绪、节奏是什么样的？

5. 小组讨论，总结日本歌曲的音乐特点。

6. 跟随歌曲小声哼唱，把握好音乐情绪与风格。

7. 欣赏管弦乐合奏《茉莉花》(歌剧《图兰朵》选段)。学生总结课前搜集的资料，分享歌剧《图兰朵》资料。

8. 复听，小组讨论并总结乐曲中乐器音色的特点，分析乐曲的风格。

【设计说明】

在聆听、欣赏中，感受日本音乐的曲调特色。总结不同国家的音乐典型节奏的不同风格特点。

模块二：歌曲《茉莉花》

1. 教具准备：歌曲《茉莉花》的音频资料；钢琴；歌剧《图兰朵》的片段。

2. 师：歌曲《茉莉花》在我国广为流传，但因地域文化、方言等的差异，歌曲《茉莉花》在各地的词曲有所不同。你还能找到不同版本的歌曲《茉莉花》听一听、唱一唱吗？

3. 教师播放在不同地域演唱的歌曲《茉莉花》，让学生感受音乐的特点，围绕每个地区的歌曲《茉莉花》的不同点进行讨论。

4. 教师范唱江苏民歌《茉莉花》。

5. 学生跟随钢琴演唱茉莉花，注意要把茉莉花的甜美演唱出来。

6. 播放歌剧《图兰朵》片段，教师介绍该歌剧的相关内容。

7. 欣赏一首由美国的萨克斯管演奏家肯尼·G用萨克斯演奏的经过改编的歌曲《茉莉花》。

8. 课下学生可收集关于“花”的歌曲，下节课以演唱会的方式举办关于“花”的音乐会。

【设计说明】

让学生在学习中体会同一主题下多种风格的音乐表现。区分中外音乐表现的异同。

模块三：模打四分节奏、八分节奏；钢琴演奏《茉莉花》

1. 教具准备：歌曲《茉莉花》的音频资料；钢琴。

2. 复习歌曲《茉莉花》，学生齐声演唱。

3. 从乐谱中找出四分音符、八分音符，由学生分小组进行模打、创编。

4. 在教师带领下，学生阅读歌曲《茉莉花》的乐谱，找出容易出错的地方。

5. 学生演唱乐谱。

6. 教师分小节进行教奏。

7. 学生用正确的指法与演奏方法进行视奏，独自练习，教师巡回指导。

8. 有感情地齐奏。

【设计说明】

通过演奏歌曲《茉莉花》，让学生掌握连音的演奏技巧，从乐曲中体会优美抒情的歌曲。

模块四：音乐活动《百花园》

1. 教具准备：关于“花”的各种歌曲。

2. 师：花，不仅是人们喜爱的观赏植物，而且是美丽、幸福、和平与爱的象征，例如，梅花象征高洁、康乃馨象征母爱、菊花象征吉祥……世界各国有许多歌颂花的歌曲，你知道下面几首歌曲的歌名吗？请同学们听听。

3. 师：上节课老师让同学们收集关于“花”的歌曲，你们收集了几首？一起来唱一唱吧！

4. 师：许多国家都有自己的国花，请把课本中提及的国家与花用线连接起来。你还知道哪些国家的国花？

5. 师：你还知道哪些赞美花的艺术作品或诗句？

6. 以小组为单位进行讨论，整合答案，共享答案。

7. 单元拓展活动。

(1) 以小组为单位进行“百花园”音乐创编实践活动，形式体裁不限。

(2) 各小组进行音乐创编及排演。

(3) 各小组进行汇报演出，并进行相互点评。

【设计说明】

这是对歌曲《茉莉花》课时的延伸。代表不同含义的“花”语，有不同的音乐表现手法。鼓励学生运用自己掌握的音乐知识和技能进行音乐实践创编活动，活学活用，提高音乐思维能力。

四、单元评价

1. 学生在欣赏乐曲时，能否从中体会到歌曲的情感，能否带着这种情绪演唱。

2. 在演唱歌曲时，学生是否吐字清晰，掌握正确的演唱方法。

3. 学生能否完整地、用正确的指法演奏歌曲。

4. 学生在活动中表现出来的组织、合作、交流能力和创新能力。

第三节　课程评价

一、阅读与欣赏

（一）音乐表现要素

1. 能听辨不同类型的女声和男声；能够区分不同的演唱方法；能够区分民族器乐曲的乐器音色；了解京剧角色和基本唱腔，等级为 A。

2. 能听辨不同类型的女声和男声；能够区分不同的演唱方法；能够区分民族器乐曲的乐器音色；了解京剧角色和基本唱腔，但在完成任务的过程中，出现 1～2 处错误，等级为 B。

3. 能听辨不同类型的女声和男声；能够区分不同的演唱方法；能够区分民族器乐曲的乐器音色；了解京剧角色和基本唱腔，在完成任务的过程中，出现 3～4 处错误，等级为 C。

（二）音乐情绪与情感

1. 聆听不同主题单元的音乐，能够体会音乐情绪的变化，表达的观点明确，能用自己的语言、合适的词语，恰当地阐述音乐情感，且用词恰当，等级为 A。

2. 聆听不同主题单元的音乐，能够体会音乐情绪的变化，表达的观点比较明确，能用自己的语言、合适的词语，基本把握音乐情感，且用词恰当，等级为 B。

3. 聆听不同主题单元的音乐，能够体会音乐情绪的变化，但表达的观点模糊，且用词不恰当，等级为 C。

（三）音乐体裁与形式

1. 聆听不同民族的儿歌、童谣及小型器乐曲或戏曲片段，能正确感受不同的风格，等级为 A。

2. 聆听不同民族的儿歌、童谣及小型器乐曲或戏曲片段，对不同风格的作品能大部分感受正确，等级为 B。

3. 聆听不同民族的儿歌、童谣及小型器乐曲或戏曲片段，对不同风格的作品只有少部分感受正确，等级为 C。

二、演唱

（一）歌曲演唱

1. 能够区分连音唱法与跳音唱法，独立、自信地歌唱，能够用自然的声音、准确的节奏和音调，有表情地独唱或参与齐唱、轮唱。每学年能够背唱歌曲 4～5 首，等级为 A。

2. 能够区分连音唱法与跳音唱法，独立、自信地歌唱，能够用自然的声音、准确的节奏和音调，有表情地独唱或参与齐唱、轮唱。每学年能够背唱歌曲 2～3 首，等级为 B。

3. 能够区分连音唱法与跳音唱法，独立、自信地歌唱，能够用自然的声音、准确的节奏和音调，有表情地独唱或参与齐唱、轮唱。每学年能够背唱歌曲 1～2 首，等级为 C。

（二）模唱乐谱

1. 能够完整地演唱音阶，等级为 A。

2. 能够完整地演唱音阶，但在完成任务的过程中，出现 1～2 处错误，等级为 B。

3. 能够完整地演唱音阶，但在完成任务的过程中，出现 3～4 处错误，等级为 C。

三、音乐基本技能

（一）乐理知识认知

1. 在五线谱上，能够正确识别二分和全休止符，并在五线谱上识别 la、si、二分休止符、全休止符，并能正确模打 3～4 小节简单节奏组合，等级为 A。

2. 在五线谱上，能够识别四分和八分休止符，并在五线谱上识别 la、si、二分休止符、全休止符，并能模打 3～4 小节简单节奏组合，但在完成任务的过程中，有 1～2 处错误，等级为 B。

3. 在五线谱上，能够识别四分和八分休止符并在五线谱上识别 la、si、二分休止符、全休止符，以及一些常用记号，并能模打 3～4 小节简单节奏组合，但在完成任务的过程中，有 2～3 处错误，等级为 C。

（二）钢琴演奏

1. 能够用正确的指法、规范的手型、统一的节奏，双手演奏一个八度音阶，并有表情、熟练地演奏课程中的曲目，等级为 A。

2. 能够用正确的指法、规范的手型、统一的节奏，双手演奏一个八度音阶，但无表情地、不够熟练地演奏课程中的曲目，等级为 B。

3. 能够用正确的指法、规范的手型、统一的节奏，双手演奏一个八度音阶，不够熟练地演奏课程中的曲目，等级为 C。

四、创作与实践

（一）即兴创作

1. 能够即兴创编与歌曲情绪一致的律动或舞蹈，即兴创编音乐游戏并参与表演，且创编与音乐紧密结合，想法新颖，等级为 A。

2. 能够即兴创编与歌曲情绪一致的律动或舞蹈，即兴创编音乐游戏并参与表演，且创编与音乐结合较好，想法比较新颖，等级为 B。

3. 能够即兴创编与歌曲情绪一致的律动或舞蹈，即兴创编音乐游戏并参与表演，但创编与音乐没有结合起来，想法平淡，等级为 C。

（二）创作实践

1. 能够运用所学节奏型创作 4～6 小节的 2/4 节拍的节奏短句，且短句结构完整，前后连贯，表现力较强，等级为 A。

2. 能够运用所学节奏型创作 4～6 小节的 2/4 节拍的节奏短句，且短句结构完整，前后比较连贯，但表现力一般，等级为 B。

3. 能够运用所学节奏型创作 2～4 小节的 2/4 节拍的节奏短句，且短句结构完整，但表现力一般，等级为 C。

第十章　五年级上学期

第一节　课程目标

一、阅读与欣赏

（一）音乐表现要素

在感知音乐节奏和旋律的过程中，学生能够听辨出旋律的高低、快慢、强弱。

（二）音乐情绪与情感

1. 了解速度、力度、节奏、节拍、音色、音区等在音乐表现中的作用。
2. 聆听音乐，随音乐简单模唱主题旋律。

（三）音乐体裁与形式

1. 能够初步了解曲式结构。
2. 能够聆听教材中的音乐主题并说出曲名。

二、演唱

（一）歌曲演唱

1. 学习简易的二部合唱，注意声部的和谐，能对指挥作出正确的反应。
2. 用强弱、快慢的方式表现歌曲情感。

（二）模唱乐谱

进行教材中整首歌曲旋律演唱的训练。

三、音乐基本技能

（一）乐理知识认知

1. 节奏、节拍方面：认识四分附点音符、二分附点节奏，学习简单节奏的编写，感受并认识 2/4、3/8 及其强弱规律。

2. 常用记号方面：学习连音线、延长、顿音、力度、速度等常用记号。

（二）钢琴演奏

认识五线谱上四分附点音符、二分附点音符的时值，能够齐奏教材中的乐曲。

四、创作与实践

能够以各种音源及不同的音乐表现形式，即兴创编音乐故事、音乐游戏并参与表演；能够运用所学节奏型创作 2～4 小节旋律。

第二节　课程实施

单元整体教学案例

——古诗新歌

一、单元内容

表 9—2—1

阅读与欣赏	演唱	乐器演奏	创作与实践
欣赏歌曲《读唐诗》	歌曲《静夜思》	钢琴演奏歌曲《梅花》	创编歌曲《春晓》，单元实践活动——古诗新唱

二、单元目标

1. 通过集中学唱古诗歌曲，使学生加深对我国古诗文化的了解。

2. 演唱方面：进一步要求学生能用有控制的声音演唱歌曲，合唱歌曲《静夜思》。

3. 感受与鉴赏方面：要求学生通过对歌曲《读唐诗》的欣赏，感受中国古诗文化的博大精深，理解“唐诗里有画，唐诗里有歌，唐诗里有苦，唐诗里有乐”的含义，体会歌曲情感。

4. 音乐创造方面：要求学生能根据教材提供的材料组成古诗歌曲《春

晓》。要求学生能积极组织并参与“古诗朗诵演唱会”活动，锻炼学生的组织能力。发挥学生的音乐创造能力，即兴吟唱古诗。

5. 音乐与相关文化方面：要求学生尽可能多地朗诵古诗和演唱古诗歌曲，并理解这些古诗的含义。

三、单元课程实施

模块一：欣赏歌曲《读唐诗》

1. 教具准备。

(1) 阅读资料：古诗《静夜思》（李白）《夜雪》（白居易）《绝句》（杜甫）《咏鹅》（骆宾王）《枫桥夜泊》（张继）《夜雨寄北》（李商隐）《出塞》（王昌龄）《九月九日忆山东兄弟》（王维）。

(2) 歌曲《读唐诗》的音频资料。

2. 教师播放歌曲《读唐诗》，听一听歌中都唱到了哪些古诗。

3. 学生阅读教师补充的古诗。

4. 举办一次擂台赛，由教师宣布擂台赛的规则。

唐诗是我国传统文化中的精华。朗读这些古诗或演唱古诗歌曲可以加深我们对传统文化的认识。根据课前四个组的准备，今天我们举办“古诗朗诵演唱”的擂台赛。擂台赛分四关：第一关是配乐朗诵一首古诗；第二关是演唱一首古诗歌曲；第三关是向同学们介绍一首古诗歌曲；第四关是演奏或表演古诗歌曲。每组派出一名选手组成评审团，对各组的表现进行评判。

5. 擂台赛（曲目建议）。

第一关：朗诵《山行》《送元二使安西》《望庐山瀑布》《下江陵》。

第二关：演唱《梅花三弄》《春江花月夜》《渔舟唱晚》《二泉映月》《塞上曲》。

第三关：介绍《江雪》《登鹳雀楼》《春晓》《敕勒歌》。

第四关：根据具体情况而定，以上素材都可使用。

6. 颁奖。

可分为最佳演唱奖、最佳朗诵奖、最佳表演奖和最佳演奏奖。

【设计说明】

以学科整合的形式，让学生了解音乐中的古诗节奏韵律。通过配乐朗诵，诗与乐的结合，让学生感受中国文化的博大精深。

模块二：演唱歌曲《静夜思》

1. 教具准备：歌曲《静夜思》的音频资料。

2. 启发学生的思乡情感。

师：请同学们说一说你的家乡在哪里？在家乡还有什么亲人？

师：我们每个人都有自己的家乡，当离开家乡后，总会思念家乡的亲人，思念家乡的一切。德国诗人海涅在欣赏了肖邦的演奏后，感到“好像是从故乡来了一位同乡，把我不在家时发生的一些奇异的事讲给我听。有时我想打断他，问他：那个调皮的水神近来好吗？我们美丽的玫瑰花还是那样开放吗？我们的树还在月光下美妙地歌唱吗？”

许多艺术家都为我们留下了思念家乡的艺术作品，如音乐家马思聪创作的歌曲《思乡曲》，台湾诗人余光中写的诗歌《乡愁》等。下面我们就来欣赏马思聪歌曲《思乡曲》的片段。听一听有什么感受？（有条件的可由教师或学生来演奏乐曲的主题。学生聆听乐曲《思乡曲》）

3. 师：歌曲是有旋律的诗，它更能表达人们思乡的情感。现在我们再听一遍这首歌曲，听一听，看哪些音乐的要素构成了这种思乡的情感。

生：音乐的速度较慢，节奏比较舒缓，演唱的声音很柔和，力度较弱。

师：我们现在来试唱这首歌。

（学生演唱）

4. 教师带领学生合唱。

5. 学习 4/4 拍指挥图。找出与 2/4 拍指挥图的不同之处，感受三拍与二拍的不同。

6. 请一位同学来指挥，全班齐唱歌曲。

【设计说明】

运用柔和、有控制的声音表达思乡之情。利用力度、速度的变化能更好地诠释歌曲的情感。

模块三：钢琴演奏歌曲《梅花》

1. 教具准备：钢琴；乐曲《梅花》的音频资料；《梅花》的乐谱。

2. 教师可用图片、绘画作品或自制梅花的录像，让学生了解梅花的形状、色彩、香味等，帮助学生对梅花形成感性认识。

3. 学生讨论自己对梅花的了解，如梅花的种类、生长的习性、象征的意义等。

4. 教师播放歌曲《梅花》的音频资料。

5. 教师范唱歌曲，让学生以小组的形式视唱乐谱，教师提示难点。

6. 教师运用正确的指法与演奏技巧分小节教奏。

7. 学生跟随每小节演奏。

8. 学生齐奏。找出问题，然后讨论，最后小结。

【设计说明】

通过演奏歌曲《梅花》，让学生掌握切分的节奏，能够区分大、小切分的节奏型。

模块四：创编诗歌《春晓》

1. 教具准备：歌曲《梅花》的音频资料、古琴曲《梅花三弄》的音频资料、毛泽东诗词《卜算子·咏梅》的音频资料、陆游诗词《咏梅》的音频资料。

2. 复习歌曲《梅花》，由教师介绍关于梅花的艺术作品，如古琴曲《梅花三弄》、毛泽东的诗词《卜算子·咏梅》、陆游的诗词《咏梅》。

3. 学生介绍自己收集的有关梅花的艺术作品。

4. 教师可要求学生课后制作一本有关梅花的小册子（必须要配一首音乐）。

【设计说明】

对同一主题下不同风格作品的搜集与整理，丰富学生以梅花为主题的音乐知识内容。

5. 单元拓展活动。

（1）复习本单元所有乐曲和歌曲。

（2）以小组为单位进行选曲、排演。

（3）小组汇报。

【设计说明】

单元总结复习让学生感受传统的诗词和现代音乐的结合之美。

四、单元评价

1. 学生能否积极参与“古诗朗诵演唱会”的表演。

2. 学生能否与小组中的同学和谐交流。

3. 学生能否用较长的气息和连贯的声音演唱歌曲。

4. 学生能否唱好二声部合唱。

5. 学生能否熟练地、运用正确的指法与演奏技巧演奏作品。

第三节　课程评价

一、阅读与欣赏

（一）音乐表现要素

1. 在感知音乐节奏和旋律的过程中，能够初步辨别典型基本节拍的强弱规律，能够听辨旋律的高低、快慢、强弱，在完成任务的过程中，出现1处错误，说明有较好的感受能力，等级为A。

2. 在感知音乐节奏和旋律的过程中，能够初步辨别典型基本节拍的强弱规律，能够听辨旋律的高低、快慢、强弱，在完成任务的过程中，出现2～3处错误，说明有一定的感受能力，等级为B。

3. 在感知音乐节奏和旋律的过程中，能够初步辨别典型基本节拍的强弱规律，能够听辨旋律的高低、快慢、强弱，在完成任务的过程中，出现3～4处错误，说明感受能力较差，等级为C。

（二）音乐情绪与情感

1. 了解速度、力度、节奏、节拍、音色、音区等在音乐表现中的作用，能够随音乐简单模唱主题旋律，在完成任务的过程中，出现1处错误，等级为A。

2. 了解速度、力度、节奏、节拍、音色、音区等在音乐表现中的作用，能够随音乐简单模唱主题旋律，在完成任务的过程中，出现2处错误，等级为B。

3. 了解速度、力度、节奏、节拍、音色、音区等在音乐表现中的作用，能够随音乐简单模唱主题旋律，在完成任务的过程中，出现3处错误，等级为C。

（三）音乐体裁与形式

1. 能够初步分辨音乐体裁与形式，能够根据聆听到的教材中的音乐的主题说出曲名，每学年2～4首，等级为A。

2. 能够初步分辨音乐体裁与形式，能够根据聆听到的教材中的音乐的主题说出曲名，每学年1～2首，等级为B。

3. 能够初步分辨音乐体裁与形式，聆听教材中的音乐，但不能说出音乐主题的曲名，等级为C。

二、演唱

（一）歌曲演唱

1. 二部合唱时声音和谐，对指挥能作出正确的反应；能用自然的声音、科学的演唱方法来表现歌曲情感，等级为A。

2. 二部合唱时声音比较和谐，能对指挥作出正确的反应；能用自然的声音、科学的演唱方法来表现歌曲情感，等级为B。

3. 二部合唱时声音不够和谐，且有走音现象，对指挥反应不够到位，情感表现较差，等级为C。

（二）模唱乐谱

1. 能够完整演唱教材中整首歌曲的旋律，且音准节奏演唱完全准确，等级为A。

2. 能够完整演唱教材中整首歌曲的旋律，但在演唱的过程中，音准节奏有1～2处错误，等级为B。

3. 能够完整演唱教材中整首歌曲旋律，但在演唱的过程中，音准节奏有3～4处错误，等级为C。

三、音乐基本技能

（一）乐理知识认知

1. 感受并认识2/4、3/8及其强弱规律。能正确模打四分附点、二分附点节奏型，并能准确识别音乐常用记号，等级为A。

2. 感受并认识2/4、3/8及其强弱规律。能正确模打四分附点、二分附点节奏型，运用大部分正确，等级为B。

3. 感受并认识2/4、3/8及其强弱规律。不够熟练地模打四分附点、二分附点节奏型，运用只有少部分正确，等级为C。

（二）钢琴演奏

1. 正确演奏五线谱上四分附点、二分附点音符的时值，能够熟练地演奏、齐奏作品，等级为A。

2. 正确演奏五线谱上四分附点、二分附点音符的时值，不能够熟练地演奏、齐奏作品，等级为B。

3. 在演奏五线谱上四分附点、二分附点音符的时值时，出现1处错误，不能熟练地演奏、齐奏作品，等级为C。

四、创作与实践

能够以各种音源及不同的音乐表现形式，即兴创编音乐故事、音乐游戏并参与表演，能够运用所学节奏型创作2～4小节旋律。

（一）即兴创作

1. 能够以各种不同的音乐表现形式，即兴创编音乐故事、音乐游戏并参与表演，且与音乐配合默契，表演生动，等级为A。

2. 能够以不同的音乐表现形式，即兴创编音乐故事、音乐游戏，与音乐配合默契，但表演不够生动，等级为B。

3. 只能以一种音乐表现形式，即兴创编音乐故事、音乐游戏并参与表演，等级为C。

（二）实践活动

1. 能够运用所学节奏型创作2～4小节旋律，且节奏规整，旋律优美，等级为A。

2. 能够运用所学节奏型创作2～4小节旋律，且节奏规整，但旋律一般，等级为B。

3. 能够运用所学节奏型创作1～2小节旋律，且节奏规整，但旋律性不强，等级为C。

第十一章 五年级下学期

第一节 课程目标

一、阅读与欣赏

（一）音乐表现要素

在感知音乐节奏和旋律的过程中，通过听辨旋律的高低、快慢、强弱，能够初步辨别典型基本节拍的强弱规律以及节拍的不同。

（二）音乐情绪与情感

1. 了解速度、力度、节奏、节拍、音色、音区等在音乐表现中的作用。
2. 聆听音乐，随音乐简单模唱主题旋律。

（三）音乐体裁与形式

1. 能够初步了解曲式结构。
2. 能够聆听教材中的音乐主题并说出曲名。

二、演唱

（一）歌曲演唱

1. 学习简易的二部合唱，注意声部的和谐，能对指挥作出正确的反应。
2. 用声音的强弱、快慢表现歌曲的情感。

（二）模唱乐谱

对教材中整首歌曲旋律演唱进行训练，以及音乐短句的编写训练。

三、音乐基本技能

（一）乐理知识认知

1. 节奏与节拍方面：大、小切分音；创编节奏型，体会与认知 4/4、6/8 拍的强弱规律。

2. 常用记号方面：装饰音记号。

（二）钢琴演奏

用正确的指法、规范的手型演奏两个八度的音阶。按照教材上的步骤，用正确的节奏、正确的指法有表情地演奏乐曲。

四、创作与实践

能够以各种音源及不同的音乐表现形式，即兴创编音乐故事、音乐游戏并参与表演，能够运用所学节奏型创作 2～4 小节旋律。

第二节　课程实施

单元整体教学案例

——五十六朵花

一、单元内容

表 10—2—1

阅读与欣赏	演唱	乐器演奏	创作与实践
欣赏管弦乐合奏《瑶族舞曲》	歌曲《吹起羌笛跳锅庄》	钢琴演奏《瑶族舞曲》主旋律	为歌曲《吹起羌笛跳锅庄》创编舞蹈；用打击乐曲为《瑶族舞曲》伴奏

二、单元目标

1. 能以欢快、活泼、幽默风趣的情绪演唱歌曲《吹起羌笛跳锅庄》。

2. 在阅读、欣赏相关资料的基础上，通过欣赏管弦乐合奏《瑶族舞蹈》，熟记音乐主题，划分段落，并能用课堂乐器演奏乐曲的主要主题。

3. 在唱、奏、舞诸项音乐活动中，人人参与，能大胆、投入，相互配合。

4. 在钢琴演奏中，能够有表情地、熟练地演奏作品。

三、单元课程实施

模块一：欣赏管弦乐合奏《瑶族舞曲》

1. 教具准备：管弦乐合奏《瑶族舞曲》的音频资料。

2. 师：我们在之前学了许多少数民族的歌曲和舞蹈，今天我们又要学习一个少数民族的歌曲和舞蹈，那就是瑶族，你们听过吗？

3. 教师简介瑶族资料，包括瑶族的音乐特点，以及相关图片。

4. 教师播放管弦乐合奏《瑶族舞曲》，让学生在聆听后说出自己的感受。

5. 教师分析曲目后，学生开始学唱主旋律。

6. 对歌曲进行分段欣赏，每段由教师作一个简介，然后学生讨论，并总结自己的想法。

7. 欣赏管弦乐合奏《瑶族舞曲》，由学生自己分析曲中的节奏、力度、速度等音乐标记。

9. 学生分小组将该节课所学知识点串联起来，并对知识点进行总结。

【设计说明】

通过聆听、欣赏乐曲，学生初步分析作品曲式结构及乐曲中的音乐标记。

模块二：演唱歌曲《吹起羌笛跳锅庄》，打击乐器

1. 教具准备：歌曲《吹起羌笛跳锅庄》的音频资料。

2. 上课前进行视唱发声练习。教师弹奏钢琴，练习哼鸣或短句。

3. 导入课程：教师向学生介绍羌族。学生可提前查阅关于羌族的资料，并在课上对教师的讲解进行补充。

4. 教师出示图片，开始学唱歌曲。

（1）教师播放范唱音频资料，听后请学生谈一下音乐感受。

（2）学生集体朗读歌词。

（3）随音频资料轻声哼唱。

5. 用打击乐器为歌曲伴奏。

（1）学生讨论选用哪四种打击乐器为歌曲伴奏，若声音相似则可选其中的一种。

（2）部分学生演奏，其余学生随音频资料歌唱，再依次更换部分学生演奏。

【设计说明】

学会唱歌曲后，完成演唱和演奏的配合，以小组合作的形式完成任务，加强小组内音乐合作的训练。

模块三：钢琴演奏《瑶族舞曲》主旋律

1. 教具准备：钢琴；歌曲《瑶族舞曲》的音频资料。

2. 复习歌曲《瑶族舞曲》，全班齐唱，并找出这首歌曲的主旋律。

3. 学生阅读乐谱，找出其中的难点。

4. 在教师的带领下，学生分小节用正确的指法、演奏方法、有感情地演奏，看是否与自己的练习相同，改正错误。

5. 学生自由练习。

6. 全班齐奏，可找出演奏出色的学生进行独奏。

【设计说明】

运用不同的力度表现出乐曲的不同段落的风格特点，并以小组合作的形式让学生完成乐曲弹奏。

模块四：为歌曲《吹起羌笛跳锅庄》创编舞蹈；用打击乐器为《瑶族舞曲》伴奏

1. 教具准备：歌曲《吹起羌笛跳锅庄》的视频资料；歌曲《瑶族舞曲》的音频资料；打击乐器

2. 复习歌曲《吹起羌笛跳锅庄》，观看关于羌族的具有代表性的动作舞蹈视频。

3. 学生随视频做动作，边唱边跳。

4. 男女同学各站一排，随歌声起舞，男女同学动作可以不同，可小组自由讨论，创编不同的舞蹈动作。

5. 部分学生用打击乐器为歌曲伴奏，其余学生站着围成一个大圆圈，随歌声欢快地跳《吹起羌笛跳锅庄》舞蹈。

6. 师（小结）：我们已经初步感受了跳《吹起羌笛跳锅庄》舞蹈带来的欢乐，也初步了解了羌族，但这仅仅是开始，请同学们在课下收集更多有关羌族的资料，包括舞蹈、音乐等。

7. 复习歌曲《瑶族舞曲》，全体同学有感情地演唱主旋律，并找出节拍、节奏等有特殊音乐标记的地方。

8. 选择适合演奏乐曲的乐器。

（1）学生讨论选用哪四种打击乐器为乐曲伴奏，若声音相似则可选其中一种。

（2）部分学生演奏，其余学生随音频资料歌唱，再依次换另一部分学生演奏。

（3）根据乐曲的节奏，分小组创编新的节奏，如 4/4 拍、6/8 拍等。以小组合作的形式进行比赛，看哪个小组创编的节奏有特点、合作默契。

9. 教师小结。

【设计说明】

运用多种方式表现歌曲或乐曲的情感，丰富学生的音乐感受，提升音乐素养。

四、单元评价

1. 学生参与演唱、演奏、舞蹈的主动性及参与度。

2. 学生是否能够掌握相关资料，是否能够听辨出乐曲的主旋律及划分乐曲的结构。

3. 学习乐谱时的热情与效果。

第三节　课程评价

一、阅读与欣赏

（一）音乐表现要素

1. 在感知音乐节奏和旋律的过程中，能够初步辨别典型基本节拍的强弱规律，能够听辨旋律的高低、快慢、强弱，在完成任务的过程中，出现 1 处错误，说明有较好的感受能力，等级为 A。

2. 在感知音乐节奏和旋律的过程中，能够初步辨别典型基本节拍的强弱规律，能够听辨旋律的高低、快慢、强弱，在完成任务的过程中，出现 2～3 处错误，说明有一定的感受能力，等级为 B。

3. 在感知音乐节奏和旋律的过程中，能够初步辨别典型基本节拍的强弱规律，能够听辨旋律的高低、快慢、强弱，在完成任务的过程中，出现 3～4 处错误，说明感受能力较差，等级为 C。

（二）音乐情绪与情感

1. 了解速度、力度、节奏、节拍、音色、音区等在音乐表现中的作用，能够随音乐简单模唱主题音调，在完成任务的过程中，出现 1 处错误，等级为 A。

2. 了解速度、力度、节奏、节拍、音色、音区等在音乐表现中的作用，能够随音乐简单模唱主题音调，在完成任务的过程中，出现 2 处错误，等级为 B。

3. 了解速度、力度、节奏、节拍、音色、音区等在音乐表现中的作用，能够随音乐简单模唱主题音调，在完成任务的过程中，出现 3 处错误，等级为 C。

（三）音乐体裁与形式

1. 能够初步聆听教材中的音乐主题并说出曲名，每学年 2～4 首，等级为 A。

2. 能够初步聆听教材中的音乐主题并说出曲名，每学年 1～2 首，等级为 B。

3. 能够初步聆听教材中的音乐，但不能说出音乐主题曲名，等级为 C。

二、演唱

（一）歌曲演唱

1. 二部合唱时声音和谐，能对指挥作出正确的反应；能用自然的声音、科学的演唱方法来表现歌曲情感，等级为 A。

2. 二部合唱时声音比较和谐，能对指挥作出正确的反应；能用自然的声音、科学的演唱方法来歌曲情感，等级为 B。

3. 二部合唱时声音不够和谐，有走音现象，对指挥的反应不够到位；情感表现较差，等级为 C。

（二）模唱乐谱

1. 能够完整演唱教材中整首歌曲的旋律，且音准节奏演唱完全准确，等级为 A。

2. 能够完整演唱教材中整首歌曲的旋律，但在演唱的过程中，音准节奏有 1～2 处错误，等级为 B。

3. 能够完整演唱教材中整首歌曲的旋律，但在演唱的过程中，音准节奏有 3～4 处错误，等级为 C。

三、音乐基本技能

（一）乐理知识认知

1. 感受并认识 4/4、6/8 及其强弱规律。完全掌握并能正确运用大、小切分音；能够用所学节奏创编简单节奏型，以及识别常用记号，等级为 A。

2. 感受并认识 4/4、6/8 及其强弱规律。运用大、小切分音时大部分正确；能创编简单节奏型，以及识别大部分常用记号，等级为 B。

3. 感受并认识 4/4、6/8 及其强弱规律。运用大、小切分音时小部分正确；只能创编部分简单节奏型，以及识别部分常用记号，等级为 C。

（二）钢琴演奏

1. 能够用正确的指法、规范的手型演奏两个八度的音阶，熟练地、用正确的节奏和正确的指法、有表情地演奏乐曲，等级为 A。

2. 能够用正确的指法、规范的手型演奏两个八度的音阶，但在演奏乐曲的过程中，出现 1～2 处错误，等级为 B。

3. 在演奏两个八度的音阶时，不能够用正确的指法、规范的手型演奏；在演奏乐曲的过程中，不能熟练地演奏，且出现错误较多，等级为 C。

四、创作与实践

（一）即兴创作

1. 能够以各种不同的音乐表现形式即兴创编音乐故事、音乐游戏并参与表演，且与音乐配合默契、表演生动，等级为 A。

2. 能够以各种不同的音乐表现形式即兴创编音乐故事、音乐游戏，且与音乐配合默契，但表演不够生动，等级为 B。

3. 只能以一种音乐表现形式，即兴创编音乐故事、音乐游戏并参与表演，等级为 C。

（二）实践活动

1. 能够运用所学节奏型创作 2～4 小节旋律，且节奏规整，旋律优美，等级为 A。

2. 能够运用所学节奏型创作 2～4 小节旋律，且节奏规整，但旋律一般，等级为 B。

3. 能够运用所学节奏型创作 1～2 小节旋律，且节奏规整，但旋律性不强，等级为 C。

第十二章　六年级上学期

第一节　课程目标

一、阅读与欣赏

（一）音乐表现要素

能够感知音乐主题、乐句和段落的变化，并能够运用体态或线条对色彩作出相应的反应。

（二）音乐情绪与情感

能够体验并简述音乐情绪的变化，并能用图形、线条、色块、书面文字等形式来表现这种变化。

（三）音乐体裁与形式

聆听欣赏具有代表性的中国戏曲音乐以及世界各国民族音乐，感受不同风格的唱腔，了解多个国家和民族音乐的不同风格。

二、演唱

（一）歌曲演唱

1. 能够用自然的声音、准确的节奏和音调有表情地独唱或参与齐唱、轮唱。

2. 学习真假声转换，进一步进行二声部合唱训练。

3. 能够对自己和他人的演唱作出简单评价。

（二）模唱乐谱

能与另一声部配合，完成整首歌曲的旋律演唱。

三、音乐基本技能

（一）乐理知识认知

1. 节奏和节拍方面：了解、听辨典型节奏型。识别五线谱的节奏、节拍、音符等。

2. 常用记号方面：认识变音记号、调号等常用记号。

(二) 钢琴演奏

认识五线谱上的升降调号，能够分声部演奏教材中的乐曲。在演奏简单乐曲时，可自弹自唱。

四、创作与实践

能够运用人声、乐器声及其他音源材料表现自然界或日常生活中的声音；能够运用所学的所有节奏型创作 4～6 小节旋律。

第二节　课程实施

单元整体教学案例
——旋转的舞步

一、单元内容

表 11—2—1

阅读与欣赏	演唱	乐器演奏	创作与实践
欣赏乐曲《蓝色多瑙河圆舞曲》	学唱歌曲《儿童圆舞曲》	钢琴演奏《蓝色多瑙河圆舞曲》中第一圆舞曲的主旋律	为歌曲《开心的感觉真好》创编集体舞

二、单元目标

1. 本单元以圆舞曲音乐为主题。通过本单元的学习，开阔学生的音乐视野，丰富学生的音乐情感体验，培养学生的审美情趣。

2. 通过歌唱、欣赏、创编等音乐实践活动，使学生了解世界的多元文化，丰富音乐学习内容，在活动中培养学生的节奏感、运动协调感等。

三、单元课程实施

模块一：欣赏乐曲《蓝色多瑙河圆舞曲》

1. 教具准备：乐曲《蓝色多瑙河圆舞曲》的视频资料；教师自制的相关课件；有关“圆舞曲之王”——约翰·施特劳斯的阅读资料。

2. 导入：播放教师自制的录像片段。画面是春天来临时的景色，背景音乐是乐曲《蓝色多瑙河圆舞曲》。

3. 师：这首乐曲描绘的是什么季节？表现了什么？有谁听过该背景音乐？

4. 师：这首乐曲你知道是谁创作的吗？

5. 教师介绍乐曲创作的背景与作者。学生在课下自己收集有关约翰·施特劳斯的其他作品资料。

6. 新授内容。

（1）初听：乐曲描述了什么景象？

（2）出示曲名：《蓝色多瑙河圆舞曲》。

（3）复听：乐曲是几拍子的？

（4）分段欣赏（重点是第一圆舞曲）。

7. 在欣赏每段乐曲时，要注意乐曲的速度、旋律有什么特点，是否有变化。

8. 感受圆舞曲的三拍子律动，根据乐曲创编舞蹈动作，为乐曲伴舞。部分学生通过声势律动为跳舞的学生伴奏。

9. 跟随音乐小声哼唱旋律。

10. 以小组为单位，讨论这节课所学的内容，以及还能用哪一种形式表现音乐。

11. 小结。

【设计说明】

通过乐曲的学习，培养学生综合分析乐曲的能力，例如，划分段落、节拍、速度变化、旋律线条走向等。

模块二：学唱歌曲《儿童圆舞曲》

1. 教具准备：歌曲《儿童圆舞曲》的音频资料；钢琴。

2. 课前学生进行发声练习，模唱乐谱旋律。

3. 初听歌曲《儿童圆舞曲》，感受乐曲情绪、节奏、节拍等。

4. 教师范唱。

5. 学生根据节奏读歌词。

6. 由学生根据范唱自学歌曲。找出难点，小组讨论，教师巡视，解决疑难问题。

7. 学生按音乐标记齐唱歌曲《儿童圆舞曲》。

8. 找部分同学根据乐曲的三拍子节奏为乐曲伴奏。

9. 小结。

【设计说明】

培养学生小组合作、自主学习的能力。让学生独立完成三拍子歌曲的伴奏，并加以评价。

模块三：钢琴演奏《蓝色多瑙河圆舞曲》中第一圆舞曲的主旋律

1. 教具准备：乐曲《蓝色多瑙河圆舞曲》的音频资料；钢琴。

2. 教师播放乐曲《蓝色多瑙河圆舞曲》的音频资料，复习第一圆舞曲主旋律。

3. 教师带领学生阅读第一圆舞曲的乐谱。找出难点，分析调性，为演奏作准备。

4. 小组讨论演奏这首乐曲主旋律的指法与演奏情绪应该是什么样的。

5. 教师分小节教奏乐曲《蓝色多瑙河圆舞曲》。

6. 学生边唱边自己视奏，教师巡视，对个别学生进行指导，也可采取小组互助的方式，相互帮助。

7. 学生演奏熟练后，全班齐奏。

【设计说明】

通过欣赏经典音乐作品，结合学生自身的演奏基础，完善本阶段学生所要掌握的技能、技巧。

模块四：为歌曲《开心的感觉真好》创编集体舞

1. 教具准备：歌曲《开心的感觉真好》的音频资料。

2. 教师播放歌曲《开心的感觉真好》的音频资料，学生初听，感受音乐的情绪、节奏、节拍。

3. 复习 3/4 拍的节奏及强弱规律。

4. 教师范唱，学生小声哼唱。

5. 学生熟悉歌曲后，以小组为单位，创编舞蹈动作。

6. 分小组进行比赛，看哪个小组所编舞蹈动作协调、优美，能够体现歌曲的情绪。

7. 在比赛过程中，参赛小组跳舞，其余小组可通过拍手或拍腿等方式为之伴奏，营造音乐氛围。

8. 小结。

【设计说明】

通过集体舞的创编，学生复习 3/4 拍的节奏规律及强弱表现。体会节奏变化在舞蹈中的表现。

四、单元评价

1. 学生能否全身心地投入到音乐中，通过聆听乐曲，分析乐曲段落与节奏的变化、情绪的变化。

2. 学生能否熟练地掌握三拍子的节奏，为乐曲伴奏。

3. 能够用自然的声音、准确的节奏和音调有表情地齐唱。

4. 学生在参与创作和实践的过程中是否有热情、积极。

第三节　课程评价

一、阅读与欣赏

（一）音乐表现要素

1. 能够感知音乐主题、乐句和段落的变化，并能够运用体态或线条、色彩三种形式作出恰当的反应，等级为 A。

2. 能够感知音乐主题、乐句和段落的变化，并能够运用体态或线条、色彩中的两种形式作出恰当的反应，等级为 B。

3. 能够感知音乐主题、乐句和段落的变化，能够运用体态或线条、色彩中的一种形式作出恰当的反应，等级为 C。

（二）音乐情绪与情感

1. 能够体验并用图形、线条、色块、书面文字等形式来简述音乐情绪的变化，说出曲名并记住 3～5 首歌曲的主题音调，等级为 A。

2. 能够体验并用图形、线条、色块、书面文字等形式来简述音乐情绪的变化，说出曲名并记住 2～4 首歌曲的主题音调，等级为 B。

3. 能够体验并用图形、线条、色块、书面文字等形式来简述音乐情绪的变化，说出曲名并记住 1～2 首歌曲的主题音调，等级为 C。

（三）音乐体裁与形式

1. 能够听辨出具代表性的中国戏曲音乐的不同唱腔，正确区分外国民族音乐与中国民族音乐的不同风格，听辨教材中的音乐主题并说出 2～4 首歌曲的曲名，等级为 A。

2. 能够听辨出具代表性的中国戏曲音乐的不同唱腔，正确区分外国民族音乐与中国民族音乐的不同风格，听辨教材中的音乐主题并说出 1～2 首歌曲的曲名，等级为 B。

3. 能够听辨出具代表性的中国戏曲音乐的不同唱腔，正确区分外国民族音乐与中国民族音乐的不同风格，听辨教材中的音乐主题并说出 1 首首歌曲的曲名，等级为 C。

二、演唱

（一）歌曲演唱

1. 使用所学歌唱方法，用所学的音乐表现要素来表现歌曲的情感，声情并茂，等级为 A。

2. 使用所学歌唱方法，用所学的音乐表现要素来表现歌曲的情感，有一定的感情，等级为 B。

3. 使用所学歌唱方法，用所学的音乐表现要素来表现歌曲的情感，但有声无情，等级为 C。

（二）模唱乐谱

1. 能与另一声部配合完成整首歌曲的旋律演唱，等级为 A。

2. 能与另一声部配合完成整首歌曲的旋律演唱，在完成任务的过程中，有 1～2 处错误，等级为 B。

3. 能与另一声部配合完成整首歌曲的旋律演唱，在完成任务的过程中，有 3～4 处错误，等级为 C。

三、音乐基本技能

（一）乐理知识认知

1. 能够识别五线谱上的节奏、节拍、音符，能够听辨典型的节奏型，以及认识变音记号、调号，等级为 A。

2. 能够识别五线谱上的节奏、节拍、音符，不能完全听辨典型的节奏型，以及识别各种变音记号、调号，等级为 B。

3. 不能够完全识别五线谱上的节奏、节拍、音符，不能完全听辨典型的节奏型，以及识别各种变音记号、调号，等级为C。

（二）钢琴演奏

1. 能够清楚认知五线谱上的升降调号，分清声部，有表情地、熟练地演奏课程中的乐曲，并能够自弹自唱，等级为A。

2. 能够清楚认知五线谱上的升降调号，分清声部，无表情地、不够熟练地演奏课程中的乐曲，并能够自弹自唱，等级为B。

3. 不能清楚认知五线谱上的升降调号，分清声部，无表情地、不够熟练地演奏课程中的乐曲，不能够自弹自唱，等级为C。

四、创作与实践

（一）即兴创作

1. 能够运用人声、乐器声及其他音源材料表现自然界或日常生活中的声音，模仿逼真形象，等级为A。

2. 能够运用人声、乐器声及其他音源材料表现自然界或日常生活中的声音，模仿比较逼真，等级为B。

3. 能够运用人声、乐器声及其他音源材料表现自然界或日常生活中的声音，模仿没有形象，等级为C。

（二）创作实践

1. 能够运用所学的所有节奏型创作4～6小节旋律，且有风格、有主题，等级为A。

2. 能够运用所学的所有节奏型创作2～4小节旋律，且有风格、有主题，等级为B。

3. 能够运用所学的所有节奏型创作1～3小节旋律，但没有风格和主题，等级为C。

第十三章　六年级下学期

第一节　课程目标

一、阅读与欣赏

（一）音乐表现要素

能够感知音乐主题、乐句和段落的变化，并能够运用体态或线条、色彩作出相应的反应。

（二）音乐情绪与情感

能够体验并简述音乐情绪的变化，用图形、线条、色块、书面文字等形式来表现。

（三）音乐体裁与形式

聆听欣赏具代表性的中国戏曲音乐以及世界各国民族音乐，感受不同风格的唱腔，了解多个国家和民族音乐的不同风格。

二、演唱

（一）歌曲演唱

1. 能够运用真假声的转换，用自然的声音、准确的节奏和音调有表情地独唱或参与齐唱和轮唱。

2. 进一步进行二声部合唱训练。

3. 能够对自己和他人的演唱作简单评价。

（二）模唱乐谱

能与另一声部配合完成整首歌曲的旋律演唱。

三、音乐基本技能

(一) 乐理知识认知

1. 节奏、节拍方面：复习所有节奏、节拍、音符，自由创编节奏。

2. 巩固所学音乐标记。

(二) 钢琴演奏

用正确的演奏方法，根据乐谱有表情地完成读谱、演奏、自弹自唱、伴奏。

四、创作与实践

能够运用人声、乐器声及其他音源材料表现自然界或日常生活中的声音；能够运用所学的所有节奏型创作4～6小节旋律。

第二节　课程实施

单元整体教学案例

——告别时刻

一、单元内容

表 12—2—1

阅读与欣赏	演唱	乐器演奏	创作与实践
欣赏歌曲《告别时刻》	学唱歌曲《捧一束鲜花献给你》	钢琴演奏歌曲《同一首歌》	音乐活动——毕业晚会

二、单元目标

1. 本单元是小学阶段音乐学习的最后一个单元。通过本单元的学习，引导学生回忆生活中感人的小故事，激发学生对家长、老师和同学的挚爱之情，了解、感悟“感恩”的真谛——爱，用爱回报父母、回报老师、回报社会。

2. 启发学生更加有意识地关注音乐要素（速度、力度、节奏、节拍、旋律、调性等）在音乐表现中的作用，并能够将其正确运用到歌曲的演唱或演奏之中。

3. 在各项音乐活动中，注重培养学生相互尊重、共同合作的意识和集体主义精神。

三、单元课程实施

模块一：欣赏歌曲《告别时刻》

1. 教具准备：歌曲《告别时刻》的视频资料；有关莎拉·布莱曼的资料。

2. 教师播放莎拉·布莱曼演唱的歌曲。

3. 师：这位演唱歌手是谁？她还唱过哪些歌曲？你是否能够举出例子？

4. 教师播放歌曲《告别时刻》的视频资料，让学生了解这首歌的情感，介绍这首歌曲创作的背景、演唱者。

5. 师：这首歌曲分为几部分？你最喜欢哪个部分？以小组为单位分析歌曲情绪，由学生发表意见。

6. 欣赏莎拉·布莱曼的其他代表作，包括音乐剧《猫》中的片段——《回忆》。

7. 欣赏莎拉·布莱曼与其他歌唱家合作的作品，例如，与多明戈合作的歌曲《永远的朋友》，找出两种演唱形式有何不同。

8. 随音乐哼唱歌曲《告别时刻》的主旋律。

【设计说明】

通过欣赏，让学生了解近现代音乐作品，开拓学生的音乐视野，让学生接受多种音乐风格的熏陶，丰富学生的音乐体验。

模块二：演唱歌曲《捧一束鲜花献给你》

1. 教具准备：歌曲《每当我走过老师的窗前》的视频资料；歌曲《捧一束鲜花献给你》的音频资料。

2. 导入：播放歌曲《每当我走过老师的窗前》。

师：小学即将毕业，谈谈令你印象最深刻的一件事情或一个人。

3. 初听歌曲《捧一束鲜花献给你》。歌曲表现了什么内容？

4. 师：你最喜欢歌曲中的哪个部分？

5. 学唱歌曲。

(1) 根据学生情况，或小组学习、或教师教唱、或学生视唱乐谱、或利用课堂乐器演奏旋律学习等。

(2) 教师应注意把握歌曲的几个重点：切分音的准确、休止符的掌握。歌曲的高潮部分在最后，注意演唱方法，不喊，注意处在变声期学生的用嗓卫生。

6. 分析、处理歌曲。

(1) 引导学生运用已有的音乐知识分析音乐作品的特点，完成课本上的最后两个问题。

(2) 在演唱歌曲的高潮部分，提醒学生注意旋律起伏较大，表达了学生对老师的一片感激之情。

7. 收集关于感谢老师的歌曲，例如，《绿叶对根的情谊》《长大后我就成了你》《我爱米兰》《老师在绿荫中走》等。

【设计说明】

在同一主题下，学生运用已学过的演唱方法自主学习歌曲，并完成歌曲的分析和处理，达到良好的歌曲表现。

模块三：钢琴演奏歌曲《同一首歌》

1. 教具准备：钢琴；歌曲《同一首歌》的音频资料。

2. 用正确的手型、演奏方法练习音阶，为演奏乐曲作准备。

3. 教师播放歌曲《同一首歌》音频资料。

4. 学生自己读乐谱，以小组为单位，找出难点，相互帮助。

5. 教师指导学生演奏，分小节教奏。

6. 学生自己练习，教师进行个别指导。

7. 学生跟随伴奏齐奏。

【设计说明】

学生跟随乐曲伴奏演奏乐曲。巩固弹奏中的节拍稳定感，确保节奏、速度的准确性。

模块四：音乐活动——毕业晚会

1. 教具准备：所有演出音频资料。

2. 合唱：歌曲《捧一束鲜花献给你》。

3. 毕业典礼。

(1) 校长讲话，颁发毕业证。

(2) 舞蹈：街舞《青春舞步》。

(3) 学生代表讲话。

(4) 学生留给学校的礼物：一幅巨画《我的美丽校园》。

(5) 家长代表讲话。

(6) 演唱歌曲《感恩的心》——演唱可加手势。

(7) 教师临别寄语。

(8) 朗诵：歌曲《长大后我就成了你》，并加入伴奏音乐。

(9) 学生向老师献花。

(10) 大合唱：歌曲《同一首歌》，口风琴伴奏。

【设计说明】

运用舞台演出的形式，表达离别之情。总结所学的音乐知识、音乐技能和技巧，以舞台演出形式进行完美呈现。

四、单元评价

1. 在欣赏作品时，能否正确区分歌曲段落，养成安静聆听的习惯。

2. 学生的合唱能力及歌曲的表现力是否有所提高。

3. 学生在集体活动中的参与度及表现力。

4. 学生能够以正确的指法、节奏、方法合奏作品。

第三节　课程评价

一、阅读与欣赏

(一) 音乐表现要素

1. 能够感知音乐主题、乐句和段落的变化，并能够运用体态或线条、色彩三种形式作出恰当的反应，等级为A。

2. 能够感知音乐主题、乐句和段落的变化，并能够运用体态或线条、色彩中的两种形式作出恰当的反应，等级为B。

3. 能够感知音乐主题、乐句和段落的变化，并能够运用体态或线条、色彩中的一种形式作出恰当的反应，等级为C。

(二) 音乐情绪与情感

1. 能够体验并用图形、线条、色块、书面文字等形式来简述音乐情绪的变化，说出曲名并记住3～5首歌曲的主题音调，等级为A。

2. 能够体验并用图形、线条、色块、书面文字等形式来简述音乐情绪的变化，说出曲名并记住2～4首歌曲的主题音调，等级为B。

3. 能够体验并用图形、线条、色块、书面文字等形式来简述音乐情绪的变化，说出曲名并记住1～2首歌曲的主题音调，等级为C。

（三）音乐体裁与形式

1. 能够听辨出具有代表性的中国戏曲音乐的不同唱腔，正确区分外国民族音乐与中国民族音乐的不同风格，听辨教材中的音乐主题并说出2～4首歌曲的曲名，等级为A。

2. 能够听辨出具代表性的中国戏曲音乐的不同唱腔，正确区分外国民族音乐与中国民族音乐的不同风格，听辨教材中的音乐主题并说出1～2首歌曲的曲名，等级为B。

3. 能够听辨出具代表性的中国戏曲音乐的不同唱腔，正确区分外国民族音乐与中国民族音乐的不同风格，听辨教材中的音乐主题并说出1首歌曲的曲名，等级为C。

二、演唱

（一）歌曲演唱

1. 使用所学歌唱方法，用所学的音乐表现要素来表现歌曲的情感，声情并茂，等级为A。

2. 使用所学歌唱方法，用所学的音乐表现要素来表现歌曲的情感，有一定的感情，等级为B。

3. 使用所学歌唱方法，用所学的音乐表现要素来表现歌曲的情感，但有声无情，等级为C。

（二）模唱乐谱

1. 能与另一声部配合完成整首歌曲的旋律演唱，等级为A。

2. 能与另一声部配合完成整首歌曲的旋律演唱，在完成任务的过程中，有1～2处错误，等级为B。

3. 能与另一声部配合完成整首歌曲的旋律演唱，在完成任务的过程中，有3～4处错误，等级为C。

三、音乐基本技能

（一）乐理知识认知

1. 能够准确模打节奏、说出节拍、识别音符、自由创编节奏，以及认出所学音乐标记，等级为A。

2. 在模打节奏、说出节拍、识别音符、自由创编节奏时，出现1～2处错误，不能完整认出所有音乐标记，等级为B。

3. 在模打节奏、说出节拍、识别音符、自由创编节奏时，出现错误多，不能完整认出所有的音乐标记，等级为C。

（二）钢琴演奏

1. 能准确地和有表情地完成读谱、演奏、自弹自唱、伴奏，等级为A。

2. 能认出部分乐谱，不够熟练地演奏乐谱、自弹自唱、伴奏，等级为B。

3. 能认出部分乐谱，在演奏的过程中，读谱、自弹自唱、伴奏出现错误多，等级为C。

四、创作与实践

（一）即兴创作

1. 能够运用人声、乐器声及其他音源材料表现自然界或日常生活中的声音，模仿得逼真形象，等级为A。

2. 能够运用人声、乐器声及其他音源材料表现自然界或日常生活中的声音，模仿得比较逼真，等级为B。

3. 能够运用人声、乐器声及其他音源材料表现自然界或日常生活中的声音，但模仿得不形象，等级为C。

（二）实践活动

1. 能够运用所学创作4～6小节旋律，且旋律有风格、有主题，等级为A。

2. 能够运用所学创作2～4小节旋律，且旋律有风格、有主题，等级为B。

3. 能够运用所学创作4～6小节旋律，但旋律没有风格和主题，等级为C。

附录：单元主题课程实施（以人教版音乐课本为例）对照表

年级	阅读与欣赏	演唱	小乐器演奏	创作与实践
一年级上学期	歌曲《中华人民共和国国歌》	歌曲《国旗国旗真美丽》	用碰铃、响板为歌曲《我爱家乡，我爱祖国》伴奏	歌舞表演歌曲《彝家娃娃真幸福》
一年级下学期	歌曲《春天悄悄来临》	歌曲《小雨沙沙沙》	用人声以及三角铁、碰铃、双响筒、响板、沙锤等打击乐器来表现春雨，春风，春雷，春水来临时的景象。感受四分音符时值	音乐活动——春光好
二年级上学期	童声合唱彝族童谣《转圈圈》	歌曲《拔河》	堂鼓、小钵和木鱼	音乐活动——用钢琴独奏歌曲《士兵进行曲》
二年级下学期	欣赏管弦乐合奏《出发》、河北民歌《放风筝》	歌曲《山谷回音真好听》	用碰铃为歌曲《山谷回音真好听》伴奏	多声部节奏组合《春天交响曲》
三年级上学期	歌曲《健康歌》	歌曲《足球赛》	钢琴右手演奏do、re、mi，左手演奏do、xi、la	音乐活动——趣味运动会
三年级下学期	欣赏合唱《小乐队》	合唱《法国号》	钢琴演奏；感受三拍子律动	自制小乐器，并为合唱《法国号》伴奏

续表

年级	阅读与欣赏	演唱	小乐器演奏	创作与实践
四年级上学期	欣赏弹拨乐合奏《塔吉克的节日》和中阮独奏《火把节之夜》	歌曲《那达慕之歌》	掌握八分休止符的时值；钢琴演奏歌曲《那达慕之歌》	音乐活动——欢腾的那达慕
四年级下学期	欣赏歌曲《樱花》	歌曲《茉莉花》	模打四分节奏、八分节奏；钢琴演奏《茉莉花》	音乐活动——百花园
五年级上学期	欣赏歌曲《读唐诗》	学唱歌曲《静夜思》	钢琴演奏《梅花》	创编歌曲《春晓》
五年级下学期	欣赏管弦乐合奏《瑶族舞曲》	歌曲《吹起羌笛跳锅庄》	钢琴演奏歌曲《瑶族舞曲》主旋律	为歌曲《吹起羌笛跳锅庄》创编舞蹈；用打击乐器为《瑶族舞曲》伴奏
六年级上学期	欣赏乐曲《蓝色多瑙河圆舞曲》	歌曲《儿童圆舞曲》	钢琴演奏《蓝色多瑙河圆舞曲》第一圆舞曲中的主旋律	为歌曲《开心的感觉真好》创编集体舞
六年级下学期	欣赏歌曲《告别时刻》	学唱歌曲《捧一束鲜花献给你》	钢琴演奏歌曲《同一首歌》	音乐活动——毕业晚会

小学美术单元整体课程实施与评价

第一章　课程概述

美术教育作为义务教育阶段学校教育的重要组成部分，对学生的发展起着其他教育形式不可代替的作用。但长期以来，受专业美术教育思想的影响，人们对美术教育的定位并不准确，因此，美术教育并没有真正体现出它的教育价值，这就影响了美术教育功能的充分发挥，制约着我国义务教育阶段的美术教育事业的发展。因此，必须通过课程改革，促进美术教育在我国基础教育体系中发挥更积极的作用，为国家培养全面发展的现代公民。《全日制义务教育美术课程标准（2011 年版）》打破了传统美术教学的知识框架，以全新的角度，按美术学习活动方式划分学习领域，增强美术学习活动的综合性和探索性，强调培养学生的学习兴趣，强调学生的参与和合作，关注学生的情感体验，注重培养学生的创新精神。通过美术实践活动，提高学生的整体素质，使每个学生都能有所发展。

一、课程性质

从美术课程对小学生今后发展和社会发展的作用这一角度来看，小学美术课程的学科性质应当突出它的人文性和工具性。从人文性角度来看，美术是人类文化最重要的载体之一，无论是 3 万年前的原始洞穴壁画，还是现代的绘画艺术，都闪烁着人文精神的光芒。运用美术形式传达感情和思想是整个人类文化历史中的一种重要的文化行为。现阶段的美术课程更是增强了人文色彩，更加注重塑造学生正确的价值观，陶冶他们的情操，完善其人格，提高其审美素养和审美能力。从美术课程的工具性来讲，随着信息化进程的加快，图像作为一种有效而生动的信息载体，越来越频繁地出现在我们的生活中，图像会不时地映入我们的眼帘。美术就像语言文字一样，已经成为一种传递思想、情感，反映世界的重要工具。从素质教育的角度来看，对美术人文性与工具性的定位将对课程目标的确立、课程内容的选择、课程的尝试与运用起统领的作用，也可以改变人们“重技巧、技能，轻文化”的思想观念。

二、基本理念

（一）注重“以人为本”的教育，重视以审美为核心的艺术素质培养

义务教育阶段的美术教育必须坚信每个学生都存在艺术发展的潜力，都具有极大的可能性和可塑性。在义务教育阶段，学校应该提供学生成长所必需的“营养”，美术课程必须满足素质教育的要求，面向全体学生，以学生发展为本，培养学生的人文精神和审美能力，为促进学生健全人格的形成和全面发展奠定良好的基础。因此，学校应选择基础性的、有利于学生发展的美术知识和技能，结合过程和方法，设置课程的基本内容。同时，要注意课程内容的层次性，考虑到不同学生素质的差异，使《全日制义务教育美术课程标准（2011 年版）》具有普遍的适应性。同时，应注意让学生在进行美术学习的过程中，逐步发现美术学习的特征，形成基本的美术素养和学习能力，为终身学习奠定基础。

（二）注重激发学生学习美术的兴趣

人们常常有这样的体验：在宽松愉悦的环境中，思维往往很活跃，容易突发奇想。通过改变美术课程结构和课程内容，关注学生的学习兴趣，加强课程内容与学生生活及现代社会科技发展的联系，创设有利于学生在学习中构建知识体系的课程环境，倡导学生主动参与、乐于探究、勤于动手，培养学生收集和处理信息的能力、获取知识的能力、分析和解决问题的能力及交流与合作的能力，从而增强他们的自豪感与自信心。

（三）注重完善促成学生顺利发展的评价机制

按照新课改的要求，评价的功能从检查、反馈学生对知识技能的掌握情况转变为关注学生掌握知识技能的过程和方法，注重对知识的探究，即从关注结果转变为关注过程和方法。评价不仅仅是为了甄别与选拔，更是为了学生的发展服务。在义务教育阶段的美术教育中，评价主要是为了促进学生的全面发展，同时促进教师的教学。因此，评价标准要体现多维性和多级性，以适应不同个性和能力的学生的发展需要，帮助学生了解自己的学习能力和水平。从这一点上讲，构建全面的、完善的、重过程、重创新的美术教学评价体系尤为必要。

（四）注重美术学习中认识社会，关注人与环境

《全日制义务教育美术课程标准（2011 年版）》明确指出，美术课程具有人文特性，强调美术活动要关注环境和生态，使每个学生通过美术学习增强

保护环境的意识和社会责任感，并服务于社会，做一个对社会有用的人。目前，我们把关注人与环境作为美术课程中的重要内容，如让学生通过对景色的欣赏和描绘来认识大自然；利用废旧材料进行艺术创作，变废为宝等，从而努力培养学生的环保意识。大自然为我们的美术学习提供了丰富的内容和图像世界，人们对优美的环境、险峻的山峰、一马平川的平原的感受都来自于大自然，大自然是艺术创作的源泉。

（五）重视培养学生的创新精神和实践能力

任何国家和民族的发展，都取决于这个国家和民族的知识创新和科技创造，只有不断地创新，才能使自己立于不败之地。美术活动是人们公认的对创新能力和实践能力的培养具有优势的学科之一。美术课程应注重对学生的创造性、实践探究性、自尊自信的培养。我们要在美术活动中培养学生的创新精神和实践能力，首先要营造适宜开展活动的氛围，采用多种方式开阔学生的视野，最大限度地开发学生的潜能，并重视对学生实践能力的培养，从而使学生将创新观念落实到具体行动之中。通过探究学习和综合学习，引导学生在具体情境中探索和发现，找到不同知识之间的关联，发展综合实践能力，创造性地解决问题。

三、课程目标

（一）总目标

学生能了解各种美术工具、材料的使用，并能以个人参与或合作的方式参与各种美术活动，尝试使用各种工具、材料来创作，大胆、自由地表达自己的观点或想法；在美术课程学习的过程中，体验美术活动的乐趣，获得对美术学习的兴趣；了解美术语言基本的表达方式和方法，表达自己的情感和思想，尝试推广和实践自己的创意，激发美术学习的热情；学习美术欣赏和评述的方法，提高视觉感受能力，运用语言、文字、形体等方式表达自己的感受和认识，形成健康的审美情趣，发展审美能力；开阔视野，拓展想象的空间，激发探索未知领域的欲望，体验探究的愉悦与成就感；发挥创造力，发展美术实践能力，形成基本的美术素养，陶冶高尚的审美情操，完善人格。

（二）学段目标

美术的学习内容划分为“造型·表现”“设计·应用”“欣赏·评述”和“综合·探索”四个学习领域。根据学生的个性差异和年龄特点不同，本课程分为三个学段：

第一学段（1～2 年级）：尝试不同工具，用纸及身边容易找到的各种媒材，大胆、自由地把所见所闻、所感所想表现出来；通过看、想、画、做，能够进行简单的组合和装饰，体验设计和制作活动的乐趣；采用造型游戏的方式进行无主题或有主题的想象、创作、表演和展示；观赏优秀美术作品，大胆说出自己的感受。

第二学段（3～4 年级）：学习如何使用各种工具，体验不同材质的效果；通过看、画、做表现所见所闻、所感所想，激发想象力与创作愿望；通过学习对比与和谐，能够进行简单的设计和装饰，体验生活中的美；采用游戏的方式，结合其他学科内容，能够进行美术创作和展示，并能表达自己的创作意图。

第三学段（5～6 年级）：通过美术活动的学习，选择适合自己的工具、材料来表现所见所闻、所感所想，并将其融入自己的创意；学习有关设计的基础知识，了解设计要素，设计出不同的生活作品；结合学校和社区活动，以美术与科学课程和其他课程的知识、技能相结合的方式，进行策划、制作、表演与展示，体会美术与环境及传统文化的关系。

四、课程实施建议

1. 在美术教学中，教师应注重对学生审美能力的培养，特别是要培养学生的创新精神和实践能力。教师要积极创设有利于激发学生创新精神的学习环境，通过思考、讨论、对话等活动，引导学生在美术创作中运用美术语言。

2. 教师要将美术学习从单纯的技能、技巧学习层面提高到美术文化学习的层面。要创设一定的文化情境，增加文化含量，使学生通过美术学习，深化对文化和历史的认识，加深对艺术的社会作用的认识，树立正确的文化价值观，培养人文精神。

3. 加强师生的“双边关系”，既重视教师的“教”，也重视学生的“学”。要确立学生在课堂上的主体地位，改变教师是课堂教学的主角的现象，提倡师生间的情感交流。

4. 教师应鼓励学生进行综合性与探究性学习，加强美术与其他学科、与学生生活经验的联系，培养学生的综合思维和综合探究的能力。

5. 教师应重视对学生学习方法的研究，引导学生以感受、观察、体验、表现及收集资料等学习方法，进行自主学习与合作交流。

6. 教师应以各种生动有趣的教学手段，如观看电影、观看录像、范画、参观、访问、旅游等方式，引导学生提高对形象的感受能力与想象能力，激发学生学习美术的兴趣。

7. 教师应尽可能尝试使用计算机和网络进行美术教学，引导学生利用计算机设计、制作美术作品；鼓励学生利用国际互联网资源检索美术信息，开阔视野，展示美术作品，进行交流。

五、评价建议

（一）重视学生的自我评价

学校在重视教师对学生学习状况进行评价的同时，更应重视学生的自我评价。学生的自我评价可以采用问卷的形式，也可以采用建立学生学习档案的方式。学生在学习档案中收集美术学习全过程的重要资料，包括研习记录、构想草图、设计方案、美术作业、相关美术信息（文字或图像资料）等。

学生通过建立美术学习档案增强美术学习的主动性，有效地提高美术学习的质量。通过学生的美术学习档案，教师可以了解学生的学习态度和学习特点，了解学生对美术知识、技能的掌握情况，发现学生的潜能，了解学生发展中的需求，从而及时给予有针对性的指导。

（二）注重对学生美术学习表现的评价

在进行美术教学评价时，教师既要通过美术作业评价学生美术学习的结果，也要通过学生在美术学习过程中的表现，对其在美术学习能力、学习态度、情感和价值观等方面的发展予以评价，突出评价的整体性和综合性。

在进行美术活动表现评价时，教师要通过观察、记录和分析学生在美术学习中的客观行为，对学生的参与意识、合作精神、操作技能、探究能力、认知水平以及交流表达能力等进行全方位的评价。评价可以采用个人、小组或团体的方式，既可以在学习过程中进行，也可以在学习结束后进行。对评价结果要加以记录，并给予学生恰当的反馈。

（三）采用多种评价方式评价学生的美术作业

应采用多种评价方式来评价学生的美术作业。学生美术作业评价的呈现方式可以是分数或等级，可以是评语，也可以采用评语与等级相结合的方式，还可以采用互评或座谈等方式。教师要充分肯定学生的进步和发展，并使学生明确自己需要改正的缺点与发展方向。

（四）鼓励运用美术学习档案袋、展示和课堂讨论等形式的评价方法

美术档案袋是一种用来记录学生整个美术学习过程的资料夹。学生在档案袋中汇集美术学习全过程的资料，包括演习记录、构想草图、设计方案、创作过程的说明、自我反思、他人的评价等。

第二章　一年级上学期

第一节　课程目标

一、造型·表现

1. 初步使学生了解各种美术绘画工具和不同材料的使用，认识常用颜色。

2. 能在纸面适当处置所要画的对象。

3. 能用水彩笔或蜡笔在一定范围内有笔顺地均匀涂色。

4. 体验造型美术的乐趣。

5. 了解不同绘画工具的不同表现。

二、设计·应用

1. 以游戏的形式，培养学生学习美术的兴趣。

2. 了解剪、贴、画、捏等不同的使用方法，能够进行简单制作，体验美术活动的乐趣。

3. 培养善于观察的习惯。

三、欣赏·评述

1. 通过观察，学生能了解大自然中美好的事物，并使用简单语言表达自己的思想。

2. 培养学生发现美、热爱美、感受美的情感。

四、综合·探索

1. 采用简单造型游戏活动的方式进行想象、展示，以游戏为主。

2. 学生能够大胆表现事物。

3. 培养学生想象、创作与展示的能力。

4. 培养学生之间合作与交流的习惯。

第二节　课程实施

单元整体教学案例

一、造型·表现学习领域的教学设计内容

1. 活动一：我在空中飞。

2. 活动二：我的新朋友。

3. 活动三：繁忙的交通。

4. 活动四：乘上列车去画画。

二、教学目标

1. 引导学生观察，养成善于观察身边事物的习惯。让学生学会大胆表现观察的事物并能够在纸面上进行适当的处置，画出所要画的对象（构图）。

2. 培养学生与他人交流合作的能力，激发学生的美术创作兴趣。

3. 让学生了解一张完整的创作画的构成要素有哪些。

三、课程实施

（一）活动一：我在空中飞

1. 教学准备

准备会飞的物体的图片、录像、优秀作品。

2. 教学流程

（1）检查学生的绘画工具。

（2）观看祖国的壮丽山河，吸引学生的注意力，激发他们学习美术的热情。

师：你们还去过哪些美丽的地方呢？是怎么去的？

导出活动内容——我在空中飞。

（3）发展阶段

师：请同学们每人选择一种能让自己飞上天空的工具。

生：我要翅膀，我要云朵，我要坐在飞船上……

师：闭上眼睛，想象一下自己在空中飞舞的样子，应该怎样表现呢？

师：你都和谁一块飞呢？你飞到哪里了？你看到了哪些景观或美的事物？

（4）观赏优秀学生的作品，教师示范创作画的构图、事物在画面位置的安排等美术知识，引导学生在轻松的学习情境中获得美术知识。

学生创作作品前，教师要向他们讲述注意事项。

作品完成后，教师带领学生相互评价、相互学习。

（5）小结与拓展：请同学们在课下交更多的好朋友，和他们一起从空中观赏祖国的美好河山。

【设计说明】

教师引导学生展开自由想象，进行小组交流，然后生生之间相互评价，充分发挥学生在课堂中的主体作用，使他们以更大的热情投入美术的学习。

（二）活动二：我的新朋友

1. 教学准备

名家肖像画的图片、人物照片。

2. 教学流程

（1）复习"活动一"的美术知识，检查学生在课下是否找到了自己的好朋友，并分别介绍自己找到的好朋友的人物特征。（教师引导学生清晰地说出好朋友的性别、个头、五官面貌、衣服穿着）

（2）做游戏：请同学用语言来讲述他班级内的好朋友的特征，大家一起猜这个同学的名字。（课堂氛围很活跃，学生纷纷按教师的要求来描述自己的好朋友）

（3）发展阶段：教师提问学生："在什么地方遇到这个朋友并成为好朋友的？你们都在哪里玩耍？"（引导学生用简短的语言来回答这些问题）

（4）观赏优秀作品（画面构图、色彩、内容）。

（5）布置作业：学生创作一幅以"我的好朋友"为主题的创作画。

（6）展示评价：以自评与互评为主，教师给予学生指导。

（7）小结与拓展：欣赏名家肖像画作品，认真观察人物特征。

【设计说明】

以游戏的方式让学生来认识人物特征很受学生喜欢。以这种方式作为课堂导入，学生的学习兴趣很容易被激发出来。再通过观赏优秀名家肖像作品，学生就可以在本次活动中学到有关人物造型的知识。

（三）活动三：繁忙的交通

1. 教学准备

表现繁忙的交通的图片、各种造型车辆的图片、一张图画纸（背景已经画好，只需要添加人物、车辆等事物即可）。

2. 教学流程

（1）引导阶段：教师引导学生回忆自己在上学的路上见到的交通状况，

用自己的话描述一下或几个人上讲台来表演一下，激发学生的表现欲望。

看图片：帮助学生观察并分析不同角度的车的样子，如摩托车侧面、工程抢险车侧面、吉普车正面、轿车背面等。

（2）发展阶段：教师提问学生："除了以上展示的车之外，你还见过什么车？它是什么样子的？"（引导学生将自己见过的车的外形简单地描述一下）

（3）教师提问学生："你在科幻电影、动画片、童话里还见过什么样的车？如果让你来设计，你会画什么样的车？"（鼓励学生奇思妙想）

（4）师生作画：拿出事先准备好的未完成的创作画，让学生与教师合作完成。（教师分配任务，学生积极参与）

（5）创作画完成后，师生共同欣赏。（课堂气氛活跃）

（6）教学小结，学生收拾、检查自己的绘画用品。

【设计说明】

将美术知识的学习与学生的实际生活相联系，让学生谈自己认识的车辆，并且以活动的方式，师生共同完成创作、共同评价赏析，充分调动学生的积极性，促进学生能力的提高。

（四）活动四：乘上列车去画画

1. 教学准备

人物形象的图片、录像资料、各种示范操作工具。

2. 教学流程

（1）继续观赏"活动一"中准备的祖国大好风光的录像资料与图片，引导学生说出其他交通工具的名称，导出"活动四"的内容——乘上列车去画画。

（2）学生讨论乘上列车去画画的心情及情境。师生再共同讨论如何添加人物和景物，教师引导学生用简短清晰的语言表达自己的思想和情感。

（3）出示教师未完成的《乘上列车去画画》的创作画，请学生为创作画添加人物、背景等。

（4）教师示范通过剪、撕、贴的方法表现自己所添加的事物，鼓励学生大胆创作，分工完成这幅作品。

（5）学生创作，完成剪、撕、拼、贴。

（6）师生共同赏析与评价作品，找出不足。

（7）小结。

【设计说明】

将各种美术表现方式应用到主题活动中，充分展示学生的创新能力。

四、单元评价

1. 学生是否了解了什么是创作画。

2. 学生能否在创作中进行合理的构图。

3. 学生除了会用水彩笔进行创作之外，还掌握了哪些创作手法。

4. 在美术课堂中，学生能否始终保持学习美术的兴趣。

第三节　课程评价

一、造型·表现

1. 能够运用不同的美术工具、材料在纸面的适当位置大胆创作，并能够做到均匀涂色，等级为 A。

2. 能够运用不同的美术工具、材料在纸面的适当位置大胆创作，并能涂上简单的颜色，等级为 B。

3. 只能够运用美术工具绘画简单的形体，等级为 C。

二、设计·应用

1. 认识剪、贴、画、捏等不同的使用方法，能够进行简单制作，等级为 A。

2. 能够运用 1～2 种表现手法进行简单制作，并体验美术乐趣，等级为 B。

3. 只能用一种方法进行绘制，等级为 C。

三、欣赏·评述

1. 通过观察，学生能了解大自然中美好的事物，并能表达感受，等级为 A。

2. 通过观察，学生能认识大自然美好的事物，并能体验自然美，等级为 B。

3. 通过观察，学生能看到大自然的美，等级为 C。

四、综合·探索

1. 以简单造型游戏活动的方式大胆表现主题，并培养学生的合作精神，等级为 A。

2. 以简单造型游戏活动的方式大胆表现主题，等级为 B。

3. 能够与同学进行合作，等级为 C。

第三章　一年级下学期

第一节　课程目标

一、造型·表现

1. 学生能够自由选用各种工具、材料，采用画、剪、拼等方法进行简单的造型活动。

2. 能够准确地勾勒出物体的轮廓。

3. 通过感知、体验，学生能够大胆涂色，养成良好的作画习惯。

4. 体验美术造型活动的创作乐趣。

二、设计·应用

1. 运用废旧材料进行自由创作，体验美术创作的乐趣。

2. 学生能够运用多种材料进行简单的造型组合。

3. 培养学生解决简单问题的能力。

4. 美化自己的生活与环境。

三、欣赏·评述

1. 通过欣赏，学生能够了解大自然中美好事物的特征。

2. 通过欣赏，学生能够用语言简单表达自己的感情。

3. 学生善于发现美，热爱美、感受美。

4. 了解中外美术优秀作品的美。

四、综合·探索

1. 以简单造型游戏活动的方式启发学生进行想象、展示。

2. 学生能够大胆地表现主题。

3. 培养学生之间的合作精神。

第二节　课程实施

单元整体教学案例

一、设计·应用学习领域的教学设计内容

1. 活动一：花地毯。

2. 活动二：小挂饰。

3. 活动三：会摇的玩具。

二、教学目标

1. 引导学生了解生活用品的外形与用途。

2. 尝试用不同的工具、身边容易找到的各种媒材，大胆组合和装饰。

3. 引导学生体验设计与制作活动的乐趣。

三、课程实施

（一）活动一：花地毯

1. 教学准备

课件图片、旧画报、胶水、水彩笔等。

2. 教学流程

（1）把“小地毯”范例分发到各组，小组欣赏并交流讨论：小地毯的图案是怎么组成的？用什么方法表现的？为什么会让你感到美？

（2）观看录像，了解设计小地毯的方法——剪贴、绘画，懂得选择不同的图案和色彩来设计。

（3）布置作业：设计一小块自己喜欢的小地毯，运用画、剪、撕、贴的方法。

（4）合作交流：把一块块小地毯拼贴在一块，就变成了大地毯。

（5）课后拓展：尝试用更多的材料来设计小地毯。

【设计说明】

通过交流、讨论，教师引导学生发现美，并以不同的表现方式去表现主题，充分展示学生的创造能力和发散性思维。

（二）活动二：小挂饰

1. 教学准备

小挂饰的图片和范样、彩纸、吸管、纽扣、透明胶等材料工具。

2. 教学流程

（1）欣赏教材，教师出示各种小挂饰的图片，讨论：哪些物品可以称为挂饰？都是用什么材料做成的？（师生讨论）

（2）准备制作挂饰：指导学生拿出制作挂饰的物品（如废旧的吸管、纸片、纽扣等，都可以称为“这节课的宝贝”）。

（3）教师向学生讲述制作经验：要把有联系的物体串在一起才会好看，制作一件东西并不是把所有的零件串起来这么简单，有些东西必须经过加工才可以串起来，比如纸片，有的需要裁剪、绘画，有的需要折叠，这样串在一起才会好看。（教师就穿针、引线、打结等基本问题对学生进行指导，在制作过程中，引导学生互帮互助。对于那些比较坚硬的物品，很难穿透，学生可以利用手中的透明胶进行包裹之后，再串联）

（4）学生分组制作。

（5）展示评价，教师总结：在上节课（撕、拼）的基础上，学生又学会了穿、粘、包裹等技能。

【设计说明】

锻炼学生的动手能力、培养学生的审美能力是本次活动的主要目的。

（三）活动三：会摇的玩具

1. 教学准备

各种工具、废旧画报、吸管、旧报纸、胶水、剪刀等。

2. 教学流程

（1）师：我们来回忆一下，前面所学的美术技能有哪些？同学们会做静态的饰品了，那我们再来了解一下动态的物体（出示活动内容——会摇的玩具）。在上学期，我们做过会滚动的玩具，那是靠圆形物体滚动起来的，那么，怎么来制作会摇动的玩具呢？

（2）教师向学生展示事先准备好的各种会摇动的玩具，让学生观察，思考其动态原理，分组讨论。

（3）学生观赏教材上的图片，利用手头上的工具、材料来做1～3种会摇动的玩具。（教师鼓励学生进行积极大胆的创新，为学生在制作过程中遇到的问题给予解答）

（4）小结：学生完成作品之后，互相评价。

【设计说明】

通过本次活动，加深学生对会滚动的物品的了解，并认识会摇动的玩具，同时在学习中加强学生动手思考和创新能力的培养。

四、单元评价

1. 学生能否正确使用剪刀进行裁剪。

2. 学生能否合理利用废旧物品，变废为宝。

3. 学生能否运用 1～6 种技能，制作生活小饰品。

4. 学生能否对自己或他人的作品进行正确赏析与评价。

5. 在制作过程中，学生能否标新立异，积极克服困难。

第三节　课程评价

一、造型·表现

1. 学生能够自由选用各种工具、材料，采用画、剪、拼等方法进行简单的造型勾画，并能够做到涂色均匀，等级为 A。

2. 学生能够自由选用各种工具、材料，采用画、剪、拼等方法进行简单的造型勾画，并能够涂上简单的颜色，等级为 B。

3. 学生只能够运用美术工具画简单形体，等级为 C。

二、设计·应用

1. 学生能够运用多种废旧材料进行简单造型组合，并能够积极解决遇到的问题，体验美术制作的乐趣，等级为 A。

2. 学生能够运用 1～2 种材料进行简单制作，并体验美术制作的乐趣，等级为 B。

3. 学生只能用一种材料进行绘制，等级为 C。

三、欣赏·评述

1. 通过观察，学生能了解大自然中美好的事物，并能用语言表达自己对美好的事物的理解，等级为 A。

2. 通过观察，学生能认识大自然中美好的事物，并能体验自然美，等级为 B。

3. 通过观察，学生能看到大自然的美，等级为 C。

四、综合·探索

1. 学生能用简单造型游戏活动的方式进行大胆想象与展示，并可以与其他同学合作，等级为 A。

2. 学生能用简单造型游戏活动的方式大胆地表现主题，等级为 B。

3. 学生能够与其他同学合作完成美术活动，等级为 C。

第四章　二年级上学期

第一节　课程目标

一、造型·表现

1. 通过学习美术知识，学生能添画各种物体的形状、颜色，并能进行画面内容的设计。

2. 学生能够大胆画出自己喜欢的色彩和形象，体验美术乐趣。

3. 培养学生善于思考的习惯。

二、设计·应用

1. 学生能够用彩笔或其他材料进行大胆设计。

2. 学生能够采用游戏的方式大胆表达自己的思想。

3. 培养学生的创造能力。

三、欣赏·评述

1. 学生能通过欣赏，了解自然景物之美及优秀美术作品之美。

2. 学生能够用简短的话语表达自己的感受。

四、综合·探索

1. 学生善于想象，能够根据主题创编简单的小故事。

2. 培养学生的动手制作能力。

第二节　课程实施

单元整体教学案例

一、设计·应用学习领域的教学设计

1. 活动一：闪光的名字。

2. 活动二：花衣裳。

3. 活动三：指偶剧院。

二、教学目标

1. 通过本单元的学习，开拓学生的思维，培养他们善于思考的习惯。

2. 通过美术学习，引导学生体验设计和制作活动的乐趣。

3. 培养学生动手操作的能力。

三、课程实施

（一）活动一：闪光的名字

1. 教学准备

变体美术字的作品、画册、记号笔、水彩笔、油画棒、闪光材料、白纸。

2. 教学流程

（1）导入新课：教师出示（采用实物投影）一些明星、歌星龙飞凤舞的艺术签名，让学生说说自己的看法和感受。

教师可以告诉学生，要设计具有特色的名字，首先要让别人看得清。可以让学生表达对明星艺术签名的看法、评价。（出示课题）

（2）讲授新课：教师可以让学生说说自己名字的特别的含义，对自己名字的看法。

（3）教师展示（采用实物投影）一些较为自由夸张变形的美术字作品让学生欣赏。

（4）教师选择班上任意一位学生的名字进行设计示范，学生与教师共同设计名字。

（5）教师示范设计法：笔画用双勾法，后涂彩色；笔画用实物代替法；部首实意，实物替代法；为自己的名字添画背景或用花边装饰。

（6）学生以绘画的方式对自己的名字进行设计。作业要求：构图饱满，形式多样，色彩鲜艳。

（7）学生做作业，教师巡视辅导，及时点评学生的作业。

（8）课后拓展：学生可以尝试将设计完的名字制作成特色的胸卡，用厚实材料（如布、泡沫等）拼贴，让自己的名字呈现立体形状。

【设计说明】

将美术知识与自己的名字联系起来，这是学生比较感兴趣的话题。教师引导学生学习的方法，真正体现了学生的主体性，学生也能融入美术的学习中。

（二）活动二：花衣裳

1. 教学准备

各种废弃的容器、包装纸、彩色纸、碎布、缎带、彩泥、颜料、画笔、胶水。

2. 教学流程

（1）导入新课：教师出示两个经过加工装饰的瓶子与盒子。

师：它穿上了一件美丽的花衣裳。现在，老师就把它的花衣裳脱下来，让我们来看看它的真面目。（师动手去掉其衣服）

教师出示新课题——花衣裳。

（2）讲授新课：学生赏析教材，教师将穿上花衣裳的容器摆放在班级里。

将穿上花衣裳的瓶子串成风铃，挂在教室里、校园的树上。

（3）引导学生赏析教材，并讨论、交流：这么漂亮的瓶子可以摆放在什么地方？你知道它原来是什么样子吗？课本为我们提供了哪几种方法？你还有什么好方法？就手中收集到的容器及材料，说说自己准备选用哪种方法来装饰？

（4）学生动手练习，教师巡视指导。

（5）作品展示。（评出最佳装饰奖）

【设计说明】

通过亲手设计并操作，学生锻炼了自己的动手能力。

（三）活动三：指偶剧院

1. 教学准备

手工纸、双面胶、剪刀、戏台道具、彩色笔、毛线。

2. 教学流程

（1）学习新知：让学生欣赏木偶戏表演，教师向学生介绍一位远道而来的朋友——芝麻绿豆官（木偶人物）。

教师揭示课题——指偶剧院。

（2）探索新知，尝试：介绍木偶家族的另一个成员——指偶，由各小组的组长来展示。

思考：小指偶与木偶的不同和相同之处。

讨论：各小组组长将展示的指偶带到小组里进行讨论。

探索：请学生开动脑筋，想想还有什么不同的方法或不同的材料，可以制作出更好的指偶。

总结：教师把学生的意见进行总结，并略作示范、引导。

（3）学生制作，教师辅导。欣赏：请学生和教师一起去欣赏一些不同的指偶作品，学习别人的长处。

（4）作品交流：将作品展示到戏台上表演，看看谁做得最棒，表演得最好。（强调表演时只伸出操作指偶的指头，其他手指要收紧）

（5）课堂总结：教师引导学生爱惜作品，并对学生进行变废为宝的环保教育。

（6）课外实践活动拓展：从语文课本或课外阅读中挑选出一则故事，与自己的父母合作上演一部“指偶剧院”。

【设计说明】

通过思考、讨论、探索，教师引导学生开动脑筋，并把美术知识运用到表演中去，能增强学生的学习兴趣。

四、单元评价

1. 通过本单元的学习，学生能否开拓思维，养成善于思考的习惯。

2. 通过美术学习，学生能否具有创新实践的能力，体验设计和制作活动的乐趣。

3. 学生能否培养善于观察和动手操作的能力。

第三节　课程评价

一、造型·表现

1. 通过学习美术知识，在画面中，能够自由添画自己喜欢的形状、颜色，并能对画面进行大胆设计，体验设计的乐趣，等级为 A。

2. 通过学习美术知识，在画面中，能够自由添画自己喜欢的形状、颜色，并能简单设计出所画内容，等级为 B。

3. 通过学习美术知识，在画面中，能够自由添画自己喜欢的形状、颜色，不能设计出所表现的内容，等级为 C。

二、设计·应用

1. 能够用彩笔或其他材料对主题进行大胆设计，体现出创意，等级为 A。

2. 能够用水彩笔对主题进行大胆设计创作，等级为 B。

3. 能够用水彩笔表现出事物对象，等级为 C。

三、欣赏·评述

1. 能够认识形、色之美，并能用简短的语言表达自己的感受，等级为 A。

2. 通过观察，认识形、色之美，能够有所感受，等级为 B。

3. 通过观察，能够认识美，等级为 C。

四、综合·探索

1. 善于想象，能够根据主题创编简单的小故事，并能根据表现主题进行简单的制作，等级为 A。

2. 善于想象，能够根据主题描述简单的小故事，并能简单地描述对象，等级为 B。

3. 善于想象，能够根据主题描述简单的小故事，等级为 C。

第五章　二年级下学期

第一节　课程目标

一、造型·表现

1. 能够灵活掌握简单的美术知识（大小、前后、淡浓）并运用。
2. 能够选择不同的材料表现不同的事物。
3. 善于想象，能够根据内容表达自己的思想。

二、设计·应用

1. 培养学生动手操作的能力。
2. 能够根据简单的美术原理，运用多种材料表现不同的内容。

三、欣赏·评述

1. 通过物体位置的变换，能够认识造型之美。
2. 体会色彩的组合美。
3. 能够用语言表达自己的感受。

四、综合·探索

1. 善于想象，能够根据主题创编简单的小故事。
2. 培养学生动手制作的能力。

第二节　课程实施

单元整体教学案例

一、欣赏·评述学习领域的教学设计内容

1. 活动一：点、线、面。

2. 活动二：重叠的形状。

3. 活动三：漂亮的花边。

4. 活动四：认识图形标志。

二、教学目标

1. 学习用点、线、面进行排列造型，学会用多种排列方法进行排列，体验学习的乐趣。

2. 引导学生认识生活中美的事物，并能找出美的规律。

3. 培养学生大胆创新的能力，理解美术知识并能将其应用于生活中。

三、课程实施

（一）活动一：点、线、面

1. 教学准备

绘画工具、范画、图片、废纸片等。

2. 教学流程

（1）图片欣赏：学生观察课件中的图片，看看有什么样的特点。教师出示“点、线、面”的活动内容。

（2）教师示范：在黑板上乱而有序地排列吸铁石，看看其特点。

（3）引导学生打开教材，观看图片，发现规律：所有的图片都包括点、线、面，教师向学生分别展示什么是点、什么是线、什么是面，将点、线、面组合排列起来就构成一幅作品。

（这样做就激发了学生的创作欲望）

（4）学生自由运用点、线、面进行排列，组成图形。

（5）观赏大师康定斯基的美术作品，寻找美。

（6）教师总结。

【设计说明】

通过在黑板上对吸铁石的排序，教师调动了学生自主寻找规律的积极性；

通过欣赏美术大师的作品，引导学生寻找生活之美。

（二）活动二：重叠的形状

1. 教学准备

苹果两个、几何图片、范画、材质。

2. 教学流程

（1）观察导入：出示两个苹果，将其重叠摆放，会出现什么样的效果。

出示活动内容——重叠的形状。

（2）观察自然现象：前后树的重叠、上下树叶的重叠，教师引导学生得出结论，自然界有了重叠就更加美丽、有节奏。

（3）知识窗：一种物体在另一种物体的前面就产生了重叠；一种物体在另一种物体的上面也会产生重叠。

（4）学生活动展示：请同学上讲台用教师准备的几何图片、教具来拼摆重叠的形状。

（5）制作重叠的形状。

选择造型：动物、植物、人物等。

选择重叠的方式：上下或前后。

（6）学生创作与实践。

（7）作品展示，教师小结。

【设计说明】

通过观察，学生找出事物之间的规律，锻炼了观察力和动手实践的能力。

（三）活动三：漂亮的花边

1. 教学准备

课件、范画、水彩笔等。

2. 教学流程

（1）回忆前两个活动的知识点，点、线、面的运用和重叠美的造型。

（2）观赏原始社会的马家窑文化彩陶，让学生说出该陶瓷有哪些美的特点，花纹有什么样的规律。

出示活动内容——漂亮的花边。

（3）学生观看图片，思考问题：生活中，哪些东西有漂亮的花边呢?

（4）展示漂亮的花瓶，引导学生仔细观察。

（5）作业布置：用剪纸或画画的方法，绘制各种漂亮的花边，比一比，看谁绘制得最美。

（6）学生作品展示，学生互评，教师总结。

【设计说明】

通过活动，为学生创设情境，让学生联系生活实际来设计，培养了学生的创新精神。

（四）活动四：认识图形标志

1. 教学准备

各种图形的标志、图片。

2. 教学流程

（1）图片展示：学生尝试说出图片的含义，教师出示活动内容——认识图形标志。

（2）学生讨论课本上图形的意思。

（3）看图，小组讨论，比一比，看哪一组说出的图形标志的含义最多，并说出在日常生活中都在哪些地方见过（马路、商场、美术馆、机场、轮渡、宾馆、饭店等）。

（4）看看还有哪些图标是自己不认识的，小组讨论，找出答案。

（5）教师总结与拓展：在现代社会生活中，图形标志的使用范围越来越广，学生可在课下认真观察，收集更多的图形标志，比如，汽车标志、宣传广告标志、服装品牌标志等，也可以让学生为自己的家设计 1～2 种图形标志。

【设计说明】

美术源于生活，也服务于生活。本次活动加深了学科与生活的联系，体现了学以致用的教学思想。通过活动，为学生创设情境，让学生结合生活实际来设计，培养了他们的实践能力。

四、单元评价

1. 是否乐于参与造型游戏活动。

2. 能否对点、线、面等造型要素灵活掌握并应用。

3. 对认为是美的现象，能否通过自己简单的语言表达出来。

4. 能否感受到生活中无处不在的美，并善于发现、感受美。

第三节　课程评价

一、造型·表现

1. 选择不同的材料，对简单的美术知识能够灵活运用并且掌握，且完全符合创作内容的要求，等级为A。

2. 选择一种工具，对简单的美术知识能够进行运用，而且符合内容要求，等级为B。

3. 只能用绘画的方式表现事物，等级为C。

二、设计·应用

1. 能够根据简单的美术原理，运用多种材料动手操作，表现不同的内容，等级为A。

2. 能够用水彩笔对主题内容进行大胆设计、创作，等级为B。

3. 只能用水彩笔表现出事物对象，等级为C。

三、欣赏·评述

1. 通过对物体位置的不同变换，能够认识造型之美，并用语言表达对各种色彩搭配之美的感受，等级为A。

2. 通过对物体位置的不同变换，能够认识造型之美，并用语言表达自己的感受，等级为B。

3. 能够认识到形、色之美，等级为C。

四、综合·探索

1. 善于想象，能够根据主题创编简单的小故事，并能根据主题进行简单的制作，等级为A。

2. 善于想象，能够根据主题创编简单的小故事，并能将对象简单地描述出来，等级为B。

3. 善于想象，能够根据主题创编简单的小故事，等级为C。

第六章　三年级上学期

第一节　课程目标

一、造型·表现

1. 认识美术造型要素（包括线条、形状、色彩和肌理等），能够有意识地运用与创作。

2. 通过观察、绘画、制作等，表现所见所闻、所感所想。

3. 培养学生善于思考、勤于思考的习惯。

二、设计·应用

1. 根据想象、创造，尝试制作小物品。

2. 通过创意及制作，体验美术活动的乐趣和成功的喜悦。

三、欣赏·评述

1. 通过观赏，激发学生的创作欲望。

2. 开阔学生的思路，表达自己的认识与感受。

四、综合·探索

1. 学生能够了解简单的摄影知识。

2. 通过各种方式表现自己的感受。

第二节　课程实施

单元整体教学案例

一、设计·应用学习领域的教学设计内容

1. 活动一：万花筒。

2. 活动二：有趣的鞋。

3. 活动三：团包手工。

二、教学目标

1. 引导学生善于发现、善于探索生活中立体造型的美。

2. 引导学生善于利用废旧材料绘制生活中的用品，并且掌握一定的制作技能、技巧。

3. 使学生体验制作和思考的乐趣及成功的喜悦。

三、课程实施

（一）活动一：万花筒

1. 教学准备

各式万花筒的图片、对称图片，用纸、笔、剪刀等。

2. 教学流程

（1）教师展示课前准备好的万花筒，让学生认真观看并进行讨论：万花筒里的“花”有什么特点？引导学生观察万花筒里的花样是如何对称的，观察万花筒里最亮的六角形的图案。教师可以告诉学生：这个六角形的图案其实是由六个三角形组成的，其中只有一个三角形的花样是真实的，其余五个三角形都是被镜子反射出来的，它们的形状、大小都是相同的，且围绕一个中心对称。

（2）教师提出问题让学生讨论：要想获得一个真实的三角形花样，我们该怎么制作？（可以先剪、画，再制作其余五个三角形的花样，便可以组成想要的图案。）

（3）师：用什么方法可以使画的图案对称？

生：可以把纸叠在一起，然后再剪，或者用印的方法来画……

（因学生还处于语言发展阶段，他们很难将对称这一概念表达清楚，只要能描绘出万花筒的图案就可以了）

（4）学生创作。观看万花筒，记住自己认为最漂亮的一个色彩组合，并表现出来。

（5）作业展评。

（6）教师小结与拓展：课下试做一个万花筒。

【设计说明】

在了解万花筒呈现“花”的特点的基础上，引导学生理解“对称”的含义，以及万花筒的“花”为什么会有对称的特点，引起学生的学习兴趣，增强他们的探究意识，为接下来的创作环节打下基础，同时，也会使课堂内容更加紧凑。

（二）活动二：有趣的鞋

1. 教学准备

旧报纸、旧挂历、旧毛线、彩泥等。

2. 教学流程

（1）复习对称图形的做法。欣赏老师课前准备的手工鞋，看手工鞋是不是也体现了有关对称的美术原理知识，揭示活动内容——有趣的鞋。

（2）观看课件图片：欣赏各式各样的鞋子，引导学生通过“看”“想”“说”，了解不同造型鞋子的共同特点及组成部分，教师讲解用纸制作鞋子的步骤。

（3）学生讨论：不同材料的鞋子的图形和色彩是怎样的？（训练学生的造型感）

（4）作业布置：分组对不同材料的鞋子进行讨论、分析，大胆想象并找出用各种材料制作的鞋子的不同效果，小组分析结束后，选择一种学生认为适合的表现手法制作鞋子，彩泥、旧报纸、旧挂历等都可以用作制作材料，突出鞋子的立体造型。

（5）将制作好的鞋子粘在纸板上展示，小组之间互评。

（6）小结拓展：收集各种式样的鞋子的图片，共同欣赏各式鞋子的造型美。

【设计说明】

在了解对称图形知识的基础上，学生欣赏老师准备的资料——有关鞋子的图片。这样，学生既能复习上节课学到的知识，又能为本节课的学习打下基础。在欣赏老师提供的资料的同时，学生还进行小组探究。学生自己分析制作鞋子的材料、手法和基本过程，这样学起来既有兴趣，又能加深对本节课的印象。

（三）活动三：团包手工

1. 教学准备

皱纸，彩色手工纸的边角料、废料，胶水，各种立体造型的图片等。

2. 教学流程

(1) 欣赏各种立体雕塑的图片，引导学生欣赏立体造型艺术，了解立体造型艺术的基本构建原理。

(2) 学生讨论：这些漂亮的立体造型是怎样制作出来的？

(3) 教师引导学生进行大胆想象、创作，用皱纸进行简单的造型设计，再进行组合粘贴，看制作效果。（教师引导学生大胆尝试）

(4) 制作步骤：采用“揉”“捏”“弯”“折”等方法，将皱纸团成不同的造型，再在皱纸的外面“包”一层彩纸，将造型固定。还可以将多个已经做好的立体造型组合在一起，形成新的立体造型（根据需要而定）。

(5) 游戏：比一比，看哪一组团包的造型最多、最美观。

(6) 展评。

(7) 小结与拓展：尝试用彩泥来做一些团包造型。

【设计说明】

本节课的设计主要是对手工课的深入，在剪、贴的基础之上，这节课又加入“揉”“捏”“弯”“折”四种新的制作方法，既可以让学生深化技法上的学习，又可以让学生在同一模块下学习纸工课，学习也更加系统。

第三节　课程评价

一、造型·表现

1. 认识美术造型要素（线条、形状、色彩和肌理等），能够有意识地将其运用到创作之中，并且能够通过各种方法表现自己的所见所闻、所感所想，等级为 A。

2. 认识美术造型要素（线条、形状、色彩和肌理等），能够有意识地将其运用到创作之中，并且可以用绘画的方式表现对象，等级为 B。

3. 认识美术造型要素（线条、形状、色彩和肌理等），能够有意识将其运用到创作之中，等级为 C。

二、设计·应用

1. 根据想象、创作，大胆根据主题内容进行制作，并能体验美术创作中的乐趣，等级为 A。

2. 根据想象、创作，大胆根据主题内容进行制作，等级为 B。

3. 能够根据所学的美术知识进行大胆尝试，等级为 C。

三、欣赏·评述

1. 通过观赏，学生具有创作的欲望，开拓思路，大胆构思、创作，能够表达自己的感受，等级为 A。

2. 通过观赏，学生具有创作的欲望，开拓思路，大胆构思、创作，等级为 B。

3. 通过观赏，学生仅具有创作欲望，等级为 C。

四、综合·探索

1. 学生能够了解简单的摄影知识，通过各种方式来表现自己的感受，等级为 A。

2. 学生能够了解简单的摄影知识，并有所体验，等级为 B。

3. 学生能够了解简单的摄影知识，等级为 C。

第七章　三年级下学期

第一节　课程目标

一、造型·表现

1. 了解更多的美术造型元素，用于描绘事物、表达感情。

2. 通过观察，学生在创作过程中能够运用多种手法表现所见所闻、所感所想。

3. 激发学生丰富的想象与创作的愿望。

二、设计·应用

1. 利用简单的美术形式原理，尝试制作小物品。

2. 通过创意及制作，学生体会美术活动的乐趣和成功的喜悦。

三、欣赏·评述

1. 通过欣赏不同的美术作品，学生能够感受到什么是美。

2. 学生能够运用形、色、线等美术知识表现自己的感受。

四、综合·探索

1. 学生能够积极动手、动脑，大胆发表自己的创作意图。

2. 培养学生爱护环境的意识。

第二节 课程实施

单元整体教学案例

一、造型·表现与设计·应用综合学习领域的教学设计内容

1. 活动一：重重复复。

2. 活动二：曲曲直直。

3. 活动三：平平稳稳。

4. 活动四：彩色玻璃窗。

5. 活动五：家乡的桥与塔。

二、教学目标

1. 引导学生认识线条、形状、色彩等造型元素并能将其运用于创作画面之中。

2. 学习对称与均衡等美术形式原理，用绘画或其他形式表现自己的构想。

3. 培养学生善于学以致用的实践能力。

三、课程实施

（一）活动一：重重复复

1. 教学准备

几张范画设计。

2. 教学流程

（1）创设情境，诱导发现，导入新课。

教师出示课件范画并提出问题：这些画有什么特点？

（教师引导着学生说出“重重复复”的规律）

（2）新授课：引导学生概括出“重复”的概念。

师生讨论总结：一个基本形向上、向下、向左、向右反复连续的排列的图案叫作重复。

学生理解了“重复”概念以后，教师要引导学生探索出重复排列的多种多样的方式，并以画苹果的活动进行反复练习与评价。

（3）设计：引导学生说出更多的形状（植物、景物、几何图形等基本形）。

（4）教师向学生讲解作画步骤，学生思考并进行创作（用多种方式）。

（5）作品完成后，选出具有代表性的作品进行评价，以学生自评为主。

（6）小结。

（二）活动二：曲曲直直

1. 教学准备

一些图片、声像资料、一些范作。

2. 教学流程

（1）引导阶段。师（出示一条直线和弯曲的彩线欣赏图片）：找一找你看到的“曲曲直直”。

（让学生以小组为单位交流讨论，自由互动，向其他同学介绍自己在生活中看到的曲曲直直）

（2）启迪学生：教师（示范）线描画或彩线制作。

（3）学生创作，教师指导（播放欢快音乐，适时对学生进行激励性辅导）。

（4）展评：自我展示—互动欣赏—尝试评述。

（三）活动三：平平稳稳

1. 教学准备

图片、投影仪、水彩笔、油画棒、彩色纸、剪刀、胶水等。

2. 教学流程

（1）导入：出示一组图片，让学生观察这些图片中的物体造型有什么特点。

师（小结）：对称和均衡的物体给人庄重、严肃、整齐、平稳的感觉。

（2）发展阶段：引导学生感受均衡，虽然中心线两边的图形、色彩不相同，但在视觉上有平衡感。

（3）图片分析：找出对称的特点。

（4）小组讨论：请学生找一找日常生活中哪些物体是对称或均衡的，由小组个别同学汇报小结。

（5）师（小结）：这些对称的或给人以平衡感的物体、图片，都给人平稳、庄重、整齐的感觉。

（6）作业布置：用绘画、剪纸、拼贴等方式完成一幅表现对称或均衡感受的作品，可以一人独立完成也可以两人合作完成（运用前两个活动的美术造型知识）。

（7）评价：学生自评、小组互评。

（8）既可以用小组合作的方式完成作业，也可以用立体折纸或泥塑形式完成作业。

【设计说明】

这几节课是典型的美术形式的理论知识课，将这几节课放在一起讲，可以让学生比较各个知识点。但是，这样的集中讲授也会让学生对理论知识感到枯燥，所以，在设计环节中，教师可以多采用多媒体演示和小组合作探究的方法，来丰富课堂内容，激发学生的兴趣。

（四）活动四：彩色玻璃窗

1. 教学准备

彩纸、剪刀、胶水、彩笔。

2. 教学流程

（1）复习前几个活动的美术知识（图案重复美、线条的美、对称美），为本节课做准备。

（2）导入。

师（出示彩色玻璃窗镶嵌画图片）：同学们说一说这些图片的特点及给你的感觉。

（3）教师对彩色玻璃窗进行简单的介绍：彩色玻璃窗镶嵌画，早在罗马时期就开始使用，一般用于教堂之中，在公元13～14世纪，它得到长足的发展。教堂装饰采用彩色镶嵌画和窗玻璃画，这种透光的画面在白天的阳光和夜晚的烛光下摇曳，闪耀不定，画上的圣像和五彩装饰图案在光的照射下令人目眩神迷。

（4）发展阶段：欣赏书本图片，并请学生思考。

（5）教师对色彩套色方法进行演示。

（6）学生创作阶段。

作业：用彩色的手工纸拼贴玻璃窗。

要求：造型奇特，色彩鲜艳。

（7）学生练习，教师巡回指导，对学生的优秀作业进行点评。

（8）小结与拓展：课下观察、收集有关对称的事物图片（桥与塔的图片资料）。

【设计说明】

这节课要求学生在前几个活动模块知识的基础上进行创作，希望学生的作品能够体现之前所学的知识，所以在设计环节中，要对前面活动中的创作进行总结和复习，引导学生在作品中对其应用。

（五）活动五：家乡的桥与塔

1. 教学准备

课件资料、教材、绘画工具。

2. 教学流程

（1）说一说：启发学生回忆自己所见过的桥和塔，观察、了解各种桥和塔的结构和造型。

（2）检查上节课布置的作业：看学生是否收集了有关桥和塔的照片。

（3）发展阶段：学生欣赏教材中的范画，感知范画媒材的运用以及画面的趣味构成，并与同组的同学交流想法。

（4）作业要求：选择自己喜欢的一座桥或塔，利用绘画方式进行创作。大胆地想象、构思，自由地表现桥和塔的形象，并添画桥和塔周围的景物（利用前几个活动所掌握的知识）。

（5）学生创作，教师辅导。

（6）作品完成后，进行展示与评价。

（7）课后拓展：大胆想象，创作出“未来的桥和塔”。

【设计说明】

这个活动的设计整合了有关重复、曲直和平稳的知识点。在学生了解桥和塔这两种建筑结构的基础上，要求学生认真分析这些建筑的特色，看哪些地方体现了重复，哪些地方体现了曲直，哪些地方体现了平稳。

四、单元评价

1. 学生对造型表现活动的兴趣，能否表现出自己的想象力与创作力。

2. 对美术造型知识的掌握（对称、线条）。

3. 能否创作出一幅表现色彩、线条、对称造型的创作画。

4. 作品是否有创意。

第三节　课程评价

一、造型·表现

1. 了解更多的美术造型元素，并用这些造型元素描绘事物、表达情感；通过观察，学生在创作过程中能够使用多种手法表现所见所闻、所感所想，激发想象与创作的愿望，等级为A。

2. 了解更多的美术造型元素，并用这些造型元素描绘事物、表达情感；通过观察，学生能够使用多种手法表现所见所闻、所感所想，等级为B。

3. 了解更多的美术造型元素，并用这些造型元素描绘事物，等级为C。

二、设计·应用

1. 利用简单的美术形式原理，尝试制作小物品；通过创意及制作，体验美术活动的乐趣和成功的喜悦，等级为A。

2. 利用简单的美术形式原理，尝试简单制作小物品并能体验乐趣，等级为B。

3. 利用简单的美术形式原理，制作简单的小物品，等级为C。

三、欣赏·评述

1. 通过欣赏不同的美术作品，能够感受美；能够运用形、色、线等美术知识表现自己的感受，等级为A。

2. 通过欣赏不同的美术作品，能够感受美；能够运用简单的美术知识表达自己的情感，等级为B。

3. 通过欣赏不同的美术作品，能够感受美，等级为C。

四、综合·探索

1. 学生能够积极动手、动脑，根据课程内容大胆发表自己的创作意图；逐步形成环保意识，等级为A。

2. 学生能够积极动手、动脑，根据课程内容大胆发表自己的创作意图，等级为B。

3. 学生能养成保护环境的意识与合作精神，等级为C。

第八章　四年级上学期

第一节　课程目标

一、造型·表现

1. 能够掌握并运用各种美术知识、技能进行创作。
2. 运用剪、拼、贴等手法，进行大胆、富有个性的想象与创作。
3. 培养学生的自主创新意识。

二、设计·应用

1. 了解并运用基本的设计知识、方法，进行简单的小物品制作。
2. 学生能够选用不同手法进行制作。
3. 培养学生的合作意识。

三、欣赏·评述

1. 通过欣赏，学生能够感受不同表现方式所体现出来的美。
2. 尝试运用各种表现手法进行制作。

四、综合·探索

1. 学生能够运用绘画、手工等手法，制作富有个性的工艺品。
2. 培养学生的创新精神。

第二节　课程实施

单元整体教学案例

一、设计·应用与造型·表现学习领域的教学设计内容

活动：登山游戏

二、教学目标

以个人或小组的方式，画一幅登山游戏线路图，再制作棋子或塞子，大家一起玩。

三、课程实施

（一）教学准备

教师准备若干小图片，学生准备彩笔及几幅游戏棋谱。

（二）教学流程

1. 游戏切入：通过做游戏与观察，学生了解游戏棋的玩法和基本组成部分。

师（出示游戏棋）：这是什么？

生：游戏棋。

师：今天我们就来玩一玩这种棋类游戏。

（依次请学生和老师比赛，进行游戏）

2. 师生共同讨论，展示游戏棋的种类。

师：你还见过哪些游戏棋？上面都有什么？

（学生展示在课下准备的棋谱，说明其玩法及上面有趣的图案。）

3. 通过实物棋谱，引导学生观察游戏棋组成部分。

师：一幅游戏棋一般都会由哪儿部分组成？

师（总结）：一般包括名称、路线图、用于设置障碍和奖励方法的图谱、装饰美化的图案、游戏方法介绍等。

4. 学生尝试，实践总结。

（1）让学生在画纸上随意画一条弯曲线，尽量把纸画满。

（2）选取学生草稿中的范例，教师针对其中的不足和优点进行讲评。

如果线过于弯曲、密集，则不利于安排线路。

如果线条流畅、舒展，棋格顺序明显。

(3) 总结学生的草稿，并示范。

① 在纸上随意画一条弯曲的线。

② 根据弯弯曲曲的画面，想象要安排的景物（用事先准备好的小插图装饰成完整的棋谱图）。

③ 安排棋子的行进路线图或序号。

④ 根据画面，想象如何进行登山游戏。

5. 学生独立设计一份游戏棋，教师巡回指导。

6. 欣赏，并学习评价。

展示学生的草图，引导他们谈谈自己的创作意图和设计的游戏方法。

四、小组合作

1. 以小组合作的方式，共同完成一幅登山游戏图。

教师引导学生四人为一组进行合作。

2. 要求小组长安排好设计的分工与合作。

选择一份共同的设计稿，围绕棋盘的装饰进行研究与讨论。

3. 各个小组展示自己的作品，每组选取一个代表向大家介绍玩法与规则，谈谈小组成员的创意。

4. 根据自己设计的图谱做游戏。

【设计说明】

通过在纸上画设计图的方式，让学生自己安排棋子所走的路径，激发学生创作与做游戏的愿望，为本课的导入做好了准备。本课的重点是线路图在整张纸上的构成安排，让学生快速理解棋盘布局的合理性。在课堂上，可以在学生已有的游戏经验的基础上，让他们自由想象棋的玩法与规则，使学生玩得开心，同时，他们也会设计得生动。

五、单元评价

1. 学生是否积极参与游戏活动，与其他同学快乐合作。

2. 学生是否可以收集身边可以使用的材料，进行联想、创作。

3. 学生能否大胆发表自己的创作意图，对他人的作品进行正确的评述。

4. 学生能否在活动前做好准备，在活动结束后收拾干净教室。

第三节 课程评价

一、造型·表现

1. 学生能够掌握并运用各种美术知识、技能进行创作；采用剪、拼、贴等手法进行大胆、富有个性的想象与创作；能够逐步养成自主创新意识，等级为A。

2. 学生能够掌握并运用各种美术知识、技能进行创作；采用剪、拼、贴等手法进行大胆、富有个性的想象与创作，等级为B。

3. 学生能够掌握并运用各种美术知识、技能，并采用一种手法进行简单创作，等级为C。

二、设计·应用

1. 学生能够了解并运用基本的设计知识、方法，选用不同手法进行简单的制作，逐步养成善于和其他同学合作的习惯，等级为A。

2. 学生能够了解并运用基本的设计知识、方法，选用一种手法进行简单的制作，逐步养成善于和其他同学合作的习惯，等级为B。

3. 学生能够了解并运用基本的设计知识、方法，等级为C。

三、欣赏·评述

1. 通过欣赏，学生能够感受不同的表现方式体现出来的美；能够尝试运用多种表现手法进行创作，等级为A。

2. 通过欣赏，学生能够感受不同的表现方式体现出来的美；能够尝试运用一种表现手法进行创作，等级为B。

3. 通过欣赏，学生能够尝试运用一种表现手法进行简单创作，等级为C。

四、综合·探索

1. 学生能够运用绘画、手工等手法，制作富有个性的工艺品；发表自己的创作意图并逐渐形成创新精神，等级为A。

2. 学生能够运用绘画、手工等手法制作物品，并有自己的想法，等级为B。

3. 学生能够运用绘画、手工等手法进行简单的创作，等级为C。

第九章 四年级下学期

第一节 课程目标

一、造型·表现

1. 能够掌握并运用各种美术知识、技能进行创作。
2. 体验不同材料的效果并能灵活运用。

二、设计·应用

1. 能够推广和实践自己的创意，增强美术学习的热情。
2. 感受各种材料的特性，合理运用绘画或立体制作的方法进行工艺制作活动。

三、欣赏·评述

1. 通过观察，学生逐步认识质感在美术作品中的独特美。
2. 培养学生善于观察的习惯。

四、综合·探索

1. 认识美术与生活的关系，逐步培养学生综合解决问题的能力。
2. 能够根据情境，设计、制作简单的作品。
3. 激发学生探究的欲望，体验成功的喜悦。

第二节　课程实施

单元整体教学案例

一、造型·表现学习领域的教学设计内容

1. 活动一：小圆点的魅力。

2. 活动二：主体与背景。

3. 活动三：卡通画。

4. 活动四：漂来漂去的小岛。

二、教学目标

1. 通过本单元的学习，使学生了解如何处理画面的美的元素。

2. 在学习美的造型元素的基础上，创作一幅完整的作品。

3. 培养学生的审美能力与创新能力。

三、课程实施

（一）活动一：小圆点的魅力

1. 教学准备

制作课件、绘画用具。

2. 教学流程

（1）导入：通过欣赏一个动画片段，导出活动内容——小圆点的魅力。

（2）课件内容展示小圆点的不同位置变化，学生讨论：你从中有什么样的感觉？引导学生自由想象并用简短的语言表达自己的思想。师生共同讨论，得出结论：一个黑点在纸的不同位置给人不同的感觉，有稳定感、下落感、安定感等。

（3）教师增加问题的难度，学生观看课件，思考：多个黑点组成的排列方式，给人的感受是什么样的？

（4）问题：在一张创作画中，主体物就是一个黑点，怎样安排主体物最合适呢？

作业布置：给小松鼠在森林里安一个温馨的家，看同学们都把他的家安排在什么位置（课件播放，学生分组讨论）。

（5）比一比，赛一赛：学生以组为单位，画一张小松鼠的家的简略图，比一比谁把小松鼠的家安排得最合理（学生做作业，教师巡视指导）。

（6）展示评价：各小组选出代表来讲解画面安排与思路，评出最佳构图并奖励。

（7）教师小结与拓展：课下收集以前的自己的美术作品，看看自己的画面安排得是否合理。

【设计说明】

本教案的设计主要是让学生通过讨论发现小圆点的美。为方便实施，教师可在教学中根据学生的差异加入适合学生年龄阶段的内容。

（二）活动二：主体与背景

1. 教学准备

优秀作品图片、示范画。

2. 教学流程

（1）复习上节活动的内容。

（2）教师拿出上节课需要准备的美术作品，讨论主体物与背景的关系；教师总结创作画中的元素：主体物与背景。

（3）讲授新内容。

① 教师出示四组同一主体、不同背景的图片，学生欣赏图片。

② 学生说出图片的主次关系及对画面的不同感受。

③ 学生思考：生活中是否也有这样的情景？

④ 教师出示一幅主体画完的画，学生思考可用什么样的背景来衬托主体。

⑤ 师小结：同一主体在不同的背景下会产生不同的效果，也反映出不同的意境。不是任何的背景都符合主体。

⑥ 师生共同讨论作画步骤。

（4）布置作业：继续上节课内容，在森林里为小松鼠寻找一个漂亮舒适的家（主体物：小松鼠和它的家，为其添加背景）。

（5）学生创作，教师巡视指导。

（6）作品展示与评价：学生先自评，说出自己的创作内容和创作意图，再互评，找出各自的优点与不足之处，教师评价。

（7）小结与拓展：尝试从语文或数学课本的图画中找出主体物与背景。

【设计说明】

本课的教学设计或课后的拓展具有很强的趣味性，能够给学生带来视觉上的享受，同时也能丰富课堂内容。

（三）活动三：卡通画

1. 教学准备

收集卡通画图片、范例，课件、录像。

2. 教学流程

（1）情境导入：教师播放动画片的一个片段，学生观看里面的卡通画人物都有哪些，导出活动内容——卡通画。

（2）讲授新知识。

师：你最喜欢的卡通人物形象有哪些？（引导学生用语言和身体将卡通人物形象演绎出来，可以活跃课堂气氛）

师：哪位同学能画一个卡通头像的形象呢？（看教材，观察卡通人物形象的特征，引导学生用语言描述出来）

（3）教师边示范边讲解卡通头像的五官比例与线条的力度等。

（4）教师讲解卡通头像的临摹步骤，学生进行临摹。

（5）做游戏比赛：看看谁是"卡通王"（看谁的临摹方法正确）。

（6）学生互相评价，选出"卡通王"，教师小结。

【设计说明】

运用临摹的形式满足学生对卡通形象的喜爱，在临摹中找到在美术技能中的不足并加以改正。

（四）活动四：漂来漂去的小岛

1. 教学准备

泡沫、绘画用具、一张四尺长的白纸。

2. 教学流程

（1）观赏课件，引导学生说出所见画面的特点，引出活动内容——漂来漂去的小岛。

（2）师生共同讨论小岛的设计与安排，尝试根据以前的美术知识，让学生使用语言表述。

（3）师生共同作画：出示白纸，选出几个代表安排画面的主体物与背景的位置。首先，对背景作简单的装饰，把漂移的多个小岛的位置确定下来（小岛用准备好的泡沫表示，粘在画面上）。其次，分配任务，分组画出画面所需的事物。

（4）画完后，采用剪、撕的方式把事物贴到画面的合理位置，由教师指导。

（5）作品完成后，师生共同赏析。

（6）小结。

【设计说明】

教师与学生之间相互沟通，若有不同的意见可以进行讨论。这样，在讨论中，学生的美术思维意识得以培养起来，最终找到自己心中的美。

四、单元评价

1. 学生在创作画面中能否处理的画面的关系。

2. 学生能否掌握画面美的元素。

3. 学生动手操作与合作的能力。

4. 学生能否用简短的语言表达自己的思想。

第三节　课程评价

一、造型·表现

1. 学生能够掌握并运用各种美术知识、技能进行创作；采用不同材料、多种手法进行大胆和富有个性的想象和创作；逐步形成自主创新意识，等级为A。

2. 能够掌握并运用各种美术知识、技能进行创作；采用剪、拼、贴等手法进行大胆和富有个性的想象和创作，等级为B。

3. 学生能够了解不同材料产生的效果，在认识各种美术知识、技能的基础上，采用一种手法进行简单的创作，等级为C。

二、设计·应用

1. 感受各种材料的特性，合理运用绘画或立体制作的方法进行工艺制作活动；能够推广和实践自己的创意，激发美术学习的热情，等级为A。

2. 感受各种材料的特性，合理运用绘画或立体制作的方法进行工艺制作活动并能够推广和实践自己的创意，等级为B。

3. 感受各种材料的特性，合理运用绘画或立体制作的方法进行工艺制作，等级为C。

三、欣赏·评述

1. 通过观察，学生能够逐步认识质感在美术作品中的独特美，并且养成善于思考的习惯，等级为 A。

2. 通过观察，学生能够逐步认识并善于发现质感在美术作品中的美，等级为 B。

3. 通过观察，学生能够逐步认识质感在美术作品中的美，等级为 C。

四、综合·探索

1. 认识美术与生活的关系，根据情境，设计、制作简单的作品并具备解决问题的能力，等级为 A。

2. 认识美术与生活的关系，根据情境，设计、制作简单的作品并体验其中的乐趣，等级为 B。

3. 根据情境，设计制作简单的作品，等级为 C。

第十章　五年级上学期

第一节　课程目标

一、造型·表现

1. 把握造型要素，选择合适的工具、材料，大胆表现创作主体的内容，并能表达自己的感受。

2. 能够运用美术色彩知识灵活练习。

二、设计·应用

1. 根据所学的美术形式原理（对比与和谐、对称与均衡、节奏与韵律），能够绘制不同的主题作品。

2. 感受各种材料的特性，将其合理运用到制作活动中。

三、欣赏·评述

1. 通过欣赏，了解中国传统文化。

2. 培养热爱祖国的情感。

四、综合·探索

1. 结合其他学科的知识进行主体创作。

2. 激发学生探究的欲望，体验成功的喜悦。

第二节　课程实施

单元整体教学案例

一、造型·表现学习领域的教学设计内容

1. 活动一：万绿丛中一点红。

2. 活动二：色彩的和谐。

3. 活动三：美丽的纹样。

二、教学目标

1. 认识色彩的对比与和谐，并进行涂色练习，引导学生能利用对比色和邻近色来装点自己的生活。

2. 引导学生感受色彩的魅力。

三、课程实施

（一）活动一：万绿丛中一点红

1. 教学准备

课件、水粉颜料、毛笔、调色盘、笔、报纸、抹布。

2. 教学流程

（1）欣赏课件，教师出示活动主题——万绿丛中一点红。

比较：相同的主体在不同的背景下，两幅图的不同点。

（2）发现：通过观察色轮，发现三原色中的任何两色相混，所得间色与另一原色互为对比色，即互为补色关系；在色相环上，直线相对的两种颜色相混，会产生强烈的对比颜色，如红与绿、橙与蓝、黄与紫等。

（3）引导学生欣赏课例，使学生认识到强烈的对比使画面明亮，生机勃勃，并能更加形象地衬托主体。（教师引导学生进行多次试验、观察、比较得出此观点）

（4）学生涂色练习：尝试用水粉色表现对比色的关系，比一比哪组同学画出来的对比色最多。

（5）教师总结。

【设计说明】

在小学阶段，学生比较系统地学习色彩知识应该从三年级开始，因为在这个时期，学生已经了解了什么是原色，以及原色的种类。这节课是在学生已经认识三原色的基础上来学习对比色、三间色。所以，在环节设计上，教师首先通过色环这一知识点让学生复习之前学过的色彩知识。通过知识点之间的联系，引导学生认识对比色，从而引出三间色。这样的循序渐进的一个过程，可以帮助学生更好地学习知识，对知识点的记忆也更加深刻。

（二）活动二：色彩的和谐

1. 教学准备

水粉颜料、毛笔、调色盘、笔洗、报纸、抹布。

2. 教学流程

（1）复习上节课学习的互补色知识。

（2）播放录像：欣赏生活中的邻近色画面，并与上节课所学知识相比较，看有什么区别。

（3）发现：在色环上，颜色相对应的是对比色，它们之间的色彩对比最强烈；而邻近色则与之相反，邻近色往往是你中有我，我中有你，比如，朱红色与桔黄色。

（4）探究：师生共同寻找邻近色。

（5）欣赏名家作品，找出其中的邻近色，说明邻近色在画面中产生的效果——和谐。

（6）实践活动：用邻近色组织画面。

（7）作业展示、教师总结。

【设计说明】

引导学生通过色环认识更多的颜色，在这个过程中，教师不仅要训练学生的思维意识，还要培养学生良好的学习习惯。在这个环节中，通过理论知识的学习，学生体会对比色和邻近色中的不同感受，从而培养自身的美术素养。

（三）活动三：美丽的纹样

1. 教学准备

教学课件、教师范作、学生作品。

2. 教学流程

（1）导入

师：美丽的纹样装点了我们的生活，今天我们来学习《美丽的纹样》一课。

（2）欣赏

① 欣赏的同时，让学生思考以下两个问题：

a. 美丽的纹样有哪些特点？（在规定的范畴里，在一定的形状内，纹样要伸展自然，比例、空间要协调，形态要完整，不能让人产生残缺不齐的感觉，也就是说，要使纹样的形态与外轮廓相吻合，或者说，即使除去边框，图案仍具有清晰的外形特征）

b. 纹样的图案内容有哪些表现形式？（离心式、向心式、离心向心结合式、旋转式、综合式、均衡式、左右对称式等。教师可出示几种纹样让学生有选择地回答）

② 教师总结

适合纹样指的是将纹样适当地组织在一定的形状范围内，使之达到某种装饰作用的纹样形式。

三、欣赏范作，设计纹样

1. 教师范作

教师出示的范作一般是花卉纹样的设计。

2. 展示学生作品，了解更多的表现内容及形式

在几何形、具体形象（花卉、交通工具、食品、动物、人物等）、抽象、色彩等搭配起来的这些作品中，老师分别采用了绘画、剪纸、拼贴的方法。

师：同学们，你们会采用什么方法？

3. 学生创作

师：我们这节课学习了很多内容，同学们肯定想设计出具有自己特色的图案作品。现在，大家就行动起来，利用学习的纹样知识，在一定的形状内设计、绘制适合纹样。

4. 学生创作，教师指导

四、展示作品师评、自评

师（小结）：同学们利用这么短的时间就设计出如此美丽的作品，真了不起。大家可以把图案画在衣服和鞋子上，显得个性十足。

【设计说明】

将该环节纳入本课，是为了让学生将上两节课学习的有关颜色的知识有效地利用到纹样的作品中，在了解和认识适合纹样的基础上，学生设计自己喜欢的纹样，尤其是在着色的过程中，要体现前两个活动中学到的颜色知识，看自己设计的是对比色的作品，还是邻近色的作品。

四、单元评价

1. 对本单元的色彩知识（对比色与相邻色）的掌握程度，能否灵活运用。

2. 能否运用色彩知识完成一幅适合纹样的设计。

3. 对造型元素的了解与记忆，能否会运用。

第三节　课程评价

一、造型·表现

1. 掌握造型要素，选择适合的工具、材料，大胆表现创作主体的内容，并能表达自己的感受；能够运用美术色彩知识进行灵活练习，等级为A。

2. 掌握造型要素，选择适合的工具、材料，大胆表现创作主体的内容，等级为B。

3. 能够运用美术色彩知识进行灵活练习，等级为C。

二、设计·应用

1. 根据所学的美术形式原理（对比与和谐、对称与均衡、节奏与韵律），能够绘制不同的主题；感受各种材料的特性，合理运用到制作活动之中，等级为A。

2. 根据所学的美术形式原理（对比与和谐、对称与均衡、节奏与韵律），能够绘制不同的主题，感受各种材料特性的效果，等级为B。

3. 根据所学的美术形式原理（对比与和谐、对称与均衡、节奏与韵律），能够绘制事物内容，等级为C。

三、欣赏·评述

1. 通过了解中国传统文化，培养热爱祖国的情感，等级为A。

2. 增强热爱祖国的情感，基本了解中国古代文化，等级为B。

3. 了解中国传统文化，等级为C。

四、综合·探索

1. 结合其他各个学科的知识，进行主题的灵活创作，体验成功的乐趣，等级为A。

2. 结合1～2门学科的知识，进行主题灵活创作，等级为B。

3. 运用美术知识进行探索创作，等级为C。

第十一章　五年级下学期

第一节　课程目标

一、造型・表现

1. 认识美术造型要素（空间、明暗、线条、质感等），进行造型活动。

2. 运用对称与均衡、节奏与韵律、对比与和谐、多样与统一等组织原理进行创作，体验其美感。

3. 培养学生的创新意识，激发创作愿望。

二、设计・应用

1. 运用设计和工艺的基本知识和方法，进行有目的的创意、设计和制作活动。

2. 利用不同材质表现不同的质感美。

三、欣赏・评述

1. 欣赏、了解中国传统文化。

2. 培养热爱祖国的情感。

四、综合・探索

1. 培养学生的创新精神和实践能力。

2. 引导学生在美术知识的学习中，体会美术与生活环境、传统文化的关系。

第二节　课程实施

单元整体教学案例

一、综合·探索学习领域的教学设计内容

1. 活动一：旅游节。

2. 活动二：舞台布景。

二、教学目标

1. 以组为单位进行学习，引导学生从了解相关知识到设计、创作作品。

2. 通过合作，锻炼学生的沟通合作能力，增强学生之间的友谊。

3. 培养学生热爱家乡的情感。

三、课程实施

（一）活动一：旅游节

1. 教学准备

制作多媒体课件，搜集山东省各地的旅游节宣传片，准备一些有地域特点的旅游图片和相应文字资料，搜集本地区的旅游资源资料。

2. 教学流程

（1）课堂导入：观看《山东旅游宣传片》，学生主动说出自己家乡的旅游地名，引导出课题——旅游节；以小组为单位介绍自己搜集的具有代表性的旅游资料，让学生在讨论中了解各自的家乡有哪些特色旅游资源及风土人情。

（2）发展：教师出示图片，让学生说出地名。然后提出问题：按属性类，图中的景色应属于哪种旅游资源？（旅游资源按其属性可分为自然旅游资源和人文旅游资源两种。自然旅游资源包括山、森林、江、河、湖泊等；人文旅游资源则包括各种民俗风情、文化遗址、工艺品等）教师可以向学生介绍旅游资源的定义，构成旅游资源的基本条件以及旅游资源的分类。出示各种风景图片（例如，桂林山水、云南石林、北京颐和园、新疆塔克拉玛干沙漠等）让学生进行分类，同时，教师从多个角度介绍这些旅游景点，如一些风俗故事和神话传说等，激发学生的兴趣。

（3）作业：以“德州的董子文化街景点”为题，小组合作制作宣传海报或宣传手册，设计合理的旅游线路图，在学生中选一名“导游”向学生介绍该景点，在班级中举办一次“旅游评比”活动。

(4) 对优秀作业进行点评，让学生展示自己作业的特点，哪些地方值得同学学习，哪些地方应该多加注意。可以从色彩、构图、作用等方面进行阐述。

(5) 课后拓展：让学生分享自己的旅游照片，并说出其中的乐趣，让学生在充满活力的课堂中，体会艺术，体会生活，体会大自然，体会人生的真谛。

【设计说明】

把课堂主动权还给学生，是我们一直在提倡的理念。学生是课堂的主体，让他们自主去寻找课题资料，特别是有关自己家乡的资料，会激发他们的兴趣。本环节正是选取了课题中的“家乡的旅游资源”，学生更乐意把家乡的美和风土人情与他人分享。

(二) 活动二：舞台布景

1. 教学准备

课件、图片，搜集德州文化节风景区的民族文化。

2. 教学流程

(1) 引导阶段：让学生欣赏舞台上的布景，讨论这些布景给人怎样的视觉效果，在剧情中起到什么样的作用。例如，剧舞《牡丹亭》采用中性布景与传统“守旧”相结合的手法，以装饰性、概括性的特定舞美形象贯穿全剧，使人浮想联翩。整个设计超越了对具体场景和地点的描绘，其浪漫风格与戏曲表演以虚拟手法相结合，体现出汤显祖原作的精神，也解决了戏曲表演中舞台美术的时空跨越问题。全剧以两块大幕、六块高低不同的硬片作为基本造型元素。其中，一块大幕作为全剧固定的背景，上面绘有亭子、假山、垂柳及大片云纹形象；色彩以灰绿色为基调，但在天幕灯光下可以自由变化。

(2) 教师：示范舞台的几种展示形式。

(3) 小组讨论：根据上节课的拓展准备，我们准备演出关于德州旅游节的内容，看舞台背景可以借鉴刚才欣赏到的哪些形式。

(4) 发展阶段：以小组为单位，画出舞台布景的草图；根据收集到的有关德州文化的材料，讨论哪些元素可以用于制作舞台布景；用绘画的形式记录舞台布景及演出场面。

(5) 学生制作，教师辅导。

(6) 完成布景创作图后，分组评价。

(7) 收拾整理，小结。

(8) 拓展：收集各种适合作为文化背景的材料进行实践制作。

【设计说明】

戏曲文化是中国传统文化的重要组成部分，而相应的戏曲舞蹈布置又是设计·应用学习领域中的重要内容。这节课，首先，欣赏经典的戏曲可以使学生对戏曲和舞台布景有一个初步的认识和了解；然后，根据家乡旅游节的节目特点，引导学生想象该如何进行设计。可以采用小组合作和互相交流的方法，利用两个课时完成。教师要注意切勿急功近利，因为舞台设计本身就是一个多元素的艺术，可以只在美术方面给予学生提示。

四、单元评价

1. 学生能否将美术知识与实际环境相联系并进行创作。

2. 学生能否提高解决问题的能力。

3. 学生能否在创作中把握美术与其他学科的联系，进行跨学科的学习活动。

4. 在设计活动中，学生能否表现出自己的创意。

5. 学生是否有意识地运用美术形式原理进行创作与绘图。

第三节 课程评价

一、造型·表现

1. 把握造型要素，运用对称与均衡、节奏与韵律、对比与和谐、多样与统一等组织原理大胆表现创作主体的内容，并能表达出自己的感受，体验作品的美感，等级为A。

2. 把握造型要素，选择适合的工具、材料，大胆表现创作主体的内容并能表达自己的思想，等级为B。

3. 能够选择适合的工具、材料，大胆表现创作主体的内容，等级为C。

二、设计·应用

1. 运用设计和工艺的基本知识和方法，进行有目的的创意、设计和制作活动，等级为A。

2. 运用设计和工艺的基本知识和方法，进行自由设计，等级为B。

3. 能够自由发挥想象进行创作，等级为C。

三、欣赏·评述

1. 通过欣赏，了解中国传统文化，培养热爱祖国的情感，等级为 A。

2. 增强热爱祖国的情感，对中国传统文化稍微了解，等级为 B。

3. 了解中国传统文化，等级为 C。

四、综合·探索

1. 结合其他学科的知识进行主题灵活创作，培养创新精神和实践能力，等级为 A。

2. 结合 1～2 门学科的知识进行主题灵活创作，等级为 B。

3. 运用美术知识进行探索创作，等级为 C。

第十二章　六年级上学期

第一节　课程目标

一、造型・表现

1. 通过对各种美术媒材、技巧和制作过程的探索，发展学生的艺术感知能力和造型表现能力。

2. 体验造型活动的乐趣，产生对美术学习的持久兴趣。

二、设计・应用

1. 学生能够运用多种表现手法进行创作设计。

2. 培养学生的创新精神和设计意识。

三、欣赏・评述

1. 多角度欣赏、认识自然美，以及美术作品的材质、特征。

2. 学生能够获得审美经验和鉴赏能力。

四、综合・探索

1. 增强学生对传统民族文化的责任感。

2. 培养学生的实践和创新能力。

第二节　课程实施

单元整体教学案例

一、造型・表现学习领域的教学设计内容

1. 活动一：远近的奥秘。

2. 活动二：风景写生。

3. 活动三：我心中的风景。

二、教学目标

1. 通过本单元的学习，学生能了解绘画中远近距离感是怎样产生的。

2. 学生初步了解和掌握色彩风景画的一般特点和基本画法，提高对色彩的运用能力；通过做作业，培养学生对大自然的热爱之情，培养其审美意识。

3. 培养学生的观察及思维能力。

三、课程实施

（一）活动一：远近的奥秘

1. 教学准备

素描纸、数码相机、多媒体课件。

2. 教学流程

（1）导入：教师提问问题，学生回答后引出课题——远近的奥妙。

（本环节中，教师将语文知识灵活运用到美术课堂教学中，使各学科的知识融为一体，并通过提问的方式引起学生的学习兴趣，调动学生思维的同时引出课题）

（2）发展阶段：教师运用准备好的数码相机，做一个小实验引导学生发现这样一个现象，即距离越远的事物看起来越小、越模糊，距离越近的则相反。

（本环节中，教师运用多媒体设备连续做实验，引起学生的学习兴趣，并用直观的方式调动学生进行思考，使学生自主发现问题、解决问题，从而进一步提高学生自主学习的能力）

（3）想一想：在教师的指导下，学生对刚学习的知识进行梳理和总结，并利用多媒体课件加深学生对远近变化的认识，锻炼学生的观察能力和表述能力。

得出结论：近大远小。

（4）画一画。

（5）教师板书：远→｛小、模糊｝；近→｛大、清楚｝

（6）学生实践：学生自己发现问题、解决问题，真正做到自主学习，充分体现以学生为主体的学习原则，培养学生互助合作的能力。

（7）练一练：学生用山、树、路三个景色元素组成一幅有远近距离感的画。在学生作画过程中，教师可以进行单独指导。

（本环节主要是让学生把刚学到的知识应用到实践中，加深学生对知识的

理解，从而达到事半功倍的效果）

（8）发挥评价机制的作用，把学生自评、学生互评、教师总评相结合，对所学知识进行回顾和总结，并对学生进行鼓励，激发学生长期学习美术的兴趣。

（9）教师用提问的方式实现对知识的拓展：你在生活中还能发现什么有趣的现象？下节课来给同学们说一说！

【设计说明】

为了使学生明确远近的概念，可以让他们去观察大自然中的事物，或者通过实验培养学生的观察与表达能力。

（二）活动二：风景写生

1. 教学准备

名家美术作品、建筑风景照片。

2. 教学流程

（1）引导阶段：教师引导学生复习前一节课所学的有关透视的知识，并通过教科书上的图例或收集到的图片，讲解有关风景构图知识以及风景写生的方法与步骤。

（引导学生制作一个取景框）

（2）发展阶段：选择景物进行写生。以小组为单位，写生对象可选择校园内的景物。学生进行写生时，教师要提醒学生注意画面上的透视变化，以及线条的疏密变化等。

（3）拓展阶段：以小组合作的形式，绘制一幅风景画。

（4）学生创作：以比赛的方式进行创作，教师指导。

（5）作品完成后，以小组为单位进行自评、互评，再由教师进行评价。

（6）小结与拓展：认真观察，画一幅记忆中的风景画。

【设计说明】

这节课可以采取先临摹后写生的教学方法，让学生感受大自然的美。

（三）活动三：我心中的风景

1. 教学准备

教材、大挂历风景挂图、水彩画具和材料等。

2. 教学流程

（1）教师检查学生的画具准备情况，让学生集中注意力。

（2）导入：教师出示风景画写生作品（可用优秀学生的作业），并简析画面色彩与构图特点。

（3）讲授新课：选景构图，色彩搭配。（教师示范）

师：你心目中的美丽风景是什么样的？（引导学生以简短清晰的语言表达出来）

（4）为学生布置作业，提出作业要求。

（5）教师提醒学生：作画时应考虑画面的总的色彩倾向和冷暖对比，使之既生动又和谐；由近及远或由远到近，灵活进行；构图饱满单纯，主次有别，不要贪多。

（6）学生自行作业，教师予以指导。

（7）展示与评价：学生自评或互评，或者教师评。

【设计说明】

本课是一节趣味性很强的表现型绘画课，因此，每个环节的设置都应体现本课情趣性很强的特点，让学生愉快地学习、健康地成长。

四、单元评价

1. 学生是否掌握美术知识原理并能灵活运用于画面之中。

2. 学生能否将美术知识与其他学科相联系，提出自己的研究方案。

3. 学生能否以创作与展示的形式，表达自己对美术与生活环境的关系的认识和理解。

第三节　课程评价

一、造型·表现

1. 通过对各种美术媒材、技巧和制作过程的探索，发展学生的艺术感知能力和造型表现能力；体验造型活动的乐趣，产生对美术学习的持久兴趣，等级为A。

2. 通过对各种美术媒材、技巧和制作过程的探索，发展学生的艺术感知能力和造型表现能力；体验造型活动的乐趣，等级为B。

3. 通过对各种美术媒材、技巧和制作过程的探索，发展学生的艺术感知能力和造型表现能力，等级为C。

二、设计·应用

1. 运用多种表现手法进行创作、设计，逐步形成创新能力和创新意识，等级为 A。

2. 运用多种表现手法进行创作、设计，逐步形成创新能力，等级为 B。

3. 运用多种表现手法进行简单设计，等级为 C。

三、欣赏·评述

1. 多角度欣赏、认识自然美和美术作品的材质与特征，学生获得审美经验和鉴赏能力，等级为 A。

2. 多角度欣赏、认识自然美和美术作品的材质与特征，学生获得审美情趣，等级为 B。

3. 多角度欣赏、认识自然美和美术作品的材质与特征，等级为 C。

四、综合·探索

1. 结合 1～2 门学科的知识进行主题灵活创作，增强学生对传统民族文化的责任感，等级为 A。

2. 结合 1～2 门学科的知识进行主题灵活创作，等级为 B。

3. 增强学生对传统民族文化的责任感，等级为 C。

第十三章　六年级下学期

第一节　课程目标

一、造型·表现

1. 运用形、色、肌理等美术语言进行造型。
2. 采用不同的表现手法探索不同的创作方法。
3. 发展有个性的表现能力，表达自己的思想。

二、设计·应用

1. 根据美术知识和主题内容，学生自主设计并展示。
2. 提高学生的动手操作能力和合作能力。

三、欣赏·评述

1. 多角度欣赏和认识自然美和美术作品的材质、特征。
2. 使学生获得审美经验和鉴赏能力。

四、综合·探索

1. 联系生活实际，进行探究性活动方案的设计。
2. 培养学生的创新意识。

第二节　课程实施

单元整体教学案例

一、造型·表现学习领域的教学设计内容

1. 活动一：寻找美的痕迹。

2. 活动二：明与暗。

3. 活动三：图文并茂。

二、教学目标

1. 通过本阶段的学习，训练学生对客观世界中美的自然现象的研究。

2. 引导学生运用线条、形状、色彩、空间等造型元素，对立体造型进行分析并观察其规律。

3. 引导学生选择适合自己的工具、材料，采用不同手法记录表现所见所闻。

三、课程实施

（一）活动一：寻找美的痕迹

1. 教学准备

有关生活中某个角落的图片、小石头、柳枝、瓦片等。

2. 教学流程

（1）图片赏析，引导学生认真观察图片的踪迹，引出本节活动课内容——寻找美的痕迹。

（2）教师展示准备的物品，让学生通过看、摸等方式说出他们的不同之处，引导学生巩固所学知识（线条、形状、色彩、空间等造型元素），并描绘立体造型的事物。

（3）引导学生欣赏教材书上的图片，分组讨论：从生活中或身边的环境中，我们还能发现哪些美的痕迹？（如汪洋大海很美丽，滴滴水珠也很美丽；宽敞的房屋很美丽，整齐的砖瓦也很美丽，等等）

（4）欣赏肌理图片。（让学生发现生活中的肌理现象，找寻肌理制作的方法）

师：自然界的肌理图片以及人们制作的肌理图片有哪些？你是否看到了美的纹饰？

（5）作业布置及学生创作。

（6）作业评价。

（7）拓展：想一想、看一看、找一找，在我们身边还有哪些美的现象或景色？看看谁更善于发现。

【设计说明】

学情决定着教学的实施方法和效果。引导学生积极探索与其他学科、与生活、美术与情感等方面的联系，从单纯的技能技巧层面提高到美术的文化学习的层面，让学生在美术活动中获得成功的体验和情感的升华。

（二）活动二：明与暗

1. 教学准备

两幅范画、球体、射光灯、素描纸、铅笔。

2. 教学流程

（1）导入阶段：教师出示一组物体并让学生观赏（导出活动内容——明与暗）。

（2）新知识：观察物体在光的照射下，会呈现亮面、灰面、明暗交界、暗面、反光和投影等现象，经反复试验后得出，只有立体造型物才能产生这样的效果，引导学生感受明暗的色彩美。

（3）根据这个结论，学生就可以画出具有立体感的物体来。

（4）教师进行示范，使学生更深刻地认识排线和色彩之间的关系。

（5）欣赏评价：欣赏师生的作品并进行评论，表达自己的观点。

（6）小结。

【教学说明】

通过学生自己寻找生活中的明与暗，培养学生对客观世界中的自然现象的研究兴趣，让学生明白通过明暗表现物体的立体感。

（三）活动三：图文并茂

1. 教学准备

各种材质和表现形式的作品、绘画工具。

2. 教学流程

（1）导入：游戏“连连看”。（以游戏的形式“连一连”，激发学生的好奇和兴趣，以饱满的热情投入本课学习内容——图文并茂）

（2）欣赏分析作品，让学生体会故事画的魅力及图形排列之美。

（3）作业：请以绘画方式创编一个小故事，大胆把自己的所见所闻、所感所想表现出来，体现出图形的组合之美。

（4）评价作业，小结。

【设计说明】

让学生学会运用绘画的形式表现自己的想法，培养学生的创造力，增加学生的生活情趣。

四、单元评价

1. 学生在学习中对自己的表现是否满意。

2. 学生是否真正感受到美的无处不在，并能创作美的作品。

3. 学生是否明白立体造型在灯光下的规律。

4. 学生能否运用本单元所学的美术知识完成一幅美的创作作品。

第三节　课程评价

一、造型·表现

1. 运用形、色、肌理等美术语言，采用不同的表现手法，探索不同的创作方法，培养有个性的表现能力，等级为A。

2. 运用形、色、肌理等美术语言，采用不同的表现手法，探索不同的创作方法，等级为B。

3. 能够对所见所闻、所想所感表达自己的思想，等级为C。

二、设计·应用

1. 根据美术知识和主题内容，自己设计并展示作品，提高学生的动手操作能力和合作能力，等级为A。

2. 根据美术知识和主题内容，自己设计并展示作品，等级为B。

3. 善于与同学合作并交流，等级为C。

三、欣赏·评述

1. 多角度欣赏、认识自然美和美术作品的特征，使学生获得审美经验和鉴赏能力，等级为A。

2. 多角度欣赏、认识自然美和美术作品的特征，使学生获得审美情趣，等级为B。

3. 多角度欣赏、认识自然美和美术作品的特征，等级为C。

四、综合·探索

1. 联系生活实际，进行探究性活动方案的设计，使学生形成创新意识，等级为A。

2. 联系生活实际，进行探究性活动方案的设计，等级为B。

3. 善于探究并设计活动方案，等级为C。

第十四章　阅读与欣赏教学案例

一、欣赏·评述学习领域的教学设计内容

1. 活动一：艺术大师齐白石。
2. 活动二：印象派代表人物凡·高。

二、教学目标

1. 培养学生的欣赏能力和审美能力。
2. 引导学生感受大师作品的魅力。
3. 通过本案例，引导学生在以后的学习或生活中能够善于观察。
4. 培养学生吃苦耐劳的学习精神。

第一节　艺术大师齐白石

一、活动准备

齐白石大师作品资料等。

二、活动流程

(一) 齐白石简介

齐白石，于1864年1月1日（清同治三年癸亥冬月廿二）出生于湘潭县。小名阿芝，名璜，字渭清，号兰亭、濒生，别号白石山人，遂以齐白石行世。齐白石出身贫寒，作过农活，曾居住于湖南省涟源市杨市镇。跟随叔祖父学过木匠，次年改学雕花木工，从民间画入手，曾习古人真迹，摹《芥子园画谱》并据以作雕花新样。他学诗文书法，游山川名胜，终于成了集懂诗、书、印、画于一身的大师。他将中国画的精神与时代的精神结合起来，使中国画在国际上得到重视。他朴实谦虚、自信自强的人格魅力，以及刚柔兼济、工书俱佳的作品特色，都为他赢得了人们的尊重。

（二）人物生平

1岁，养于家，多病。

2岁，养于家，病愈，祖父始教识字。

6岁，在蒙馆读《四言杂字》《三字经》《百家姓》《千家诗》等，一读便熟。

9岁，齐家租种十几亩田，与人合养了一头牛。齐白石常一边放牛，一边砍柴、拾粪，还一边温习功课。他有时只顾读书，竟忘了砍柴。

14岁，转拜雕花木匠周之美为师，学小器作。

16岁，以残本《芥子园画谱》为师，习花鸟、人物画。

17岁下半年，出师后仍跟师傅一起走乡串户做雕花木器。

18岁继续与师傅做雕花木活。他从一顾主家借到一部乾隆年间翻刻的彩色《芥子园画谱》，遂用半年时间，在油灯下用薄竹纸勾影，染上色，勾影了16本。此后，他做雕花木活，便以画谱为据，花样出新。

24岁，拜纸扎匠出身的地方画家萧传鑫（号芗陔）为师，学画肖像。后又经文少可指点，对肖像画始得门径。

27岁，齐白石逐渐扔掉斧锯，改行画肖像。

28岁，除画像之外，齐白石还画山水、人物、花鸟草虫、仕女等。

32岁，始钻研篆刻。

（三）白石老人绘画作品欣赏与评析

图1

图 2

图 3

图 4

图 5

从这几幅作品中我们可以看出，白石老人的创作题材都是一些生活中的小事物；从构图上看，内容虽少，但事物位置与文字安排得相得益彰；从用笔上看，铿锵有力，神采逼真，书法刚劲沉着，有独到之处。

图 6

图 7

齐白石画的虾栩栩如生。可他在开始学习画虾的时候，只会临摹，因此，画的虾看起来一点也不活。后来，他自己养虾、观察、写生，几十年如一日，终于把虾画得活灵活现。

图 8

抗日战争时期，北平伪警司令、大特务头子宣铁吾过生日时，他硬邀请国画大师齐白石赴宴作画。齐白石来到宴会上，环顾了一下满堂宾客，略为思索，铺纸挥毫。转眼之间，一只只水墨螃蟹便跃然纸上。众人对画赞不绝口，宣铁吾更是喜形于色。不料，齐白石笔锋轻轻一挥，在画上题了一行字：“看你横行到几时”，后书“铁吾将军”，然后拂袖而去。

图 9

齐白石 65 岁那年的农历五月某天，家中来了一位求画的客人，求齐白石为他画一幅发财图。齐白石觉得有些纳闷：“这发财的门路太多，您到底要画的是哪一种财路呢？”客人说：“就画一只算盘，如何？”白石老人听了这话，连连说道：“太好了！欲人钱财而不使危险，乃仁也！”于是一挥而就，画了一幅算盘图，取名为《发财图》，并在空白处题字，他还把刚才跟客人有趣的对话写在画面上。客人走后，齐白石越琢磨越觉得回味无穷，于是，展开手边的宣纸，按原样又画了一幅《发财图》，作为家藏。

（四）介绍白石老人的绘画艺术特点

白石老人晚年画风的最大特色就是满足了普通大众的审美需求，这也是时代的需求——让普通民众也成为艺术的观众。首先，他扩大了绘画的题材，这也是他为艺术做出的最大的贡献，他的写意取材广泛，如瓜、果、菜、蔬、花、鸟、虫、鱼……只要是人们司空见惯、耳熟能详的东西他都拿来入画，可以说这在艺术创作上是史无前例的，相比于那些只以松、梅、兰、竹取材的画家，齐白石的画显然更具生活气息，他的画风热烈、积极、向上。其次，在绘画颜色中，齐白石添加了红色这一颜色。将红色运用到中国绘画之中是创举，因为中国的传统文化推崇黑色，尤以文人为甚，他们认为，黑色代表高贵与优雅，是绘画的基本要素，运墨而五色具，墨的浓淡疏密就是绘画的颜色要素，文人画可以说就是水墨画。他们反对用别的颜色，特别反对用红色，因为红色是普通人喜爱的颜色，虽喜庆，但俗气，不入流。但齐白石巧妙地将黑色与红色结合起来，运用红色满足了普通民众的审美要求，使用黑色，则标志着对传统文化的传承。

（五）故事小结：我们一定要勤于观察和善于练习

齐白石虽已 90 多岁但仍然每天挥笔作画，他一天至少画 5 幅画。他在纸上写下“不教一日闲过”这 6 个大字贴在墙上，借以自勉。有一年，齐白石过生日的那天，来为他祝寿的客人络绎不绝。等把最后一批客人送走后，齐白石忙了一天，感到很疲倦，就上床睡了。第二天，齐白石一早起床后，连饭都顾不上吃，就先去画室作画了。家人劝他：“吃完饭再画吧！”可他就像没听见这些话似的，继续作画，直到画够了 5 张才吃早餐。饭后，他又跑回画室去作画。家人怕他累坏身子，问他：“你不是画够了 5 张了吗？怎么还画？”他答道：“昨天过生日，没能作画，今天多画几张，以补昨天的‘闲过’。”

这则小故事告诉了我们：在这个世界上，成功来源于坚持不懈的勤奋和努力。

【设计说明】

讲述白石老人的经典作品，并穿插有关他的生活小故事，让学生印象更加深刻，同时能够激发他们的创作兴趣，培养他们善于思考和勤于学习的习惯。

第二节 印象派代表人物凡·高

一、教学准备

有关凡·高的教学资料。

二、教学流程

(一) 简介印象派的风格特色

印象派绘画是西方绘画史上可以说具有划时代意义的艺术流派，它在19世纪七八十年代达到了鼎盛时期。印象派绘画的最大特点就是发现和表现户外自然光下的色彩，捕捉大自然的瞬间变化。为了捕捉瞬间的“印象”，印象派绘画在构图上往往较为随意，力求突出画面的偶然性，增加画面的生动感和生活气氛，凸显对内心主观意象的表达。印象派画家继承了写实主义绘画的优点，在绘画中开始了对室外自然光的研究。根据“物体的色彩是由光的照射而产生，物体的固有色是不存在的”这一当时最新的光学理论，印象派画家认为，景物在不同的光照条件下有不同的颜色。印象派画家倡导画家走出画室、去户外写生，力求真实地刻画自然，直接描绘阳光下的风景和日常生活，摒弃16世纪以来的褐色调。

(二) 凡·高简介

文森特·威廉·凡·高（Vincent Willem van Gogh，1853～1890），荷兰后印象派代表，其艺术特色：点彩画法。

他的代表作《向日葵》《邮递员鲁兰》《咖啡馆夜市》《星月夜》《包扎着耳朵的自画像》《欧韦的教堂》《凡·高在阿尔勒卧室》《阿尔附近的吊桥》等，都蕴含深刻的悲剧意识，体现了对强烈个性形式的独特追求。

(三) 欣赏凡·高各阶段创作的作品和有关小故事

1885年：安特卫普时期（1885年11月28日～1886年2月28日），创作《吃马铃薯的人》。

1887年：由于与不断发展的当代法国艺术运动接近，调色板变得愈来愈明亮；同毕沙罗、德加、修拉、塞尚相识并交往；与埃米尔·贝尔纳过从甚密；深受印象派技法和后期印象派理论的影响；厌倦巴黎的生活，向往阳光更为明亮灼热、色彩更加强烈瑰丽的法兰西南部。创作《唐吉老爹》，开始绘制《向日葵》连作。

1888年：阿尔时期（1888年2月21日～1889年5月3日），2月，赴普罗旺斯阿尔，住在阿尔加萨咖啡馆；5月，迁入拉马丁广场上的“黄房子”；10月20日，高更来与他同住；12月23日，因精神失常，割下自己的一只耳朵。由于提奥的帮助，凡·高的三幅油画和几幅素描在独立沙龙展出。

图10

图11

图12

1890年：奥弗时期（1890年5月21日～1890年7月29日），临摹德拉克洛瓦、米勒、伦勃朗和居斯塔夫·多雷的作品；阿尔贝·奥里埃发表评凡·高绘画的文章；在布鲁赛尔举办的“20人展览会”上，凡·高的《红色的葡萄园》得以出售，这是他在世时得以出售的唯一一幅作品；6月，创作《加歇医生像》；7月，去巴黎探望提奥一家，会见洛特雷克及阿尔贝·奥里埃；回奥弗后，创作《奥维尔市政厅》。创作最后一幅作品《麦田群鸦》。7月27日，旧病复发，开枪自杀，于29日清晨一时许，在提奥和加歇医生的守护下停止呼吸。

（四）介绍凡·高个人特色

凡·高是一个充满了爱的人。他说：“热爱许多事物是有好处的，唯此才有真正的力量。谁爱得多，其就做得多，成成功也就越多。以爱心做事，事情就做得好。”他向往狄更斯所说的在“令人愉快的黄昏”里，两三个思想情趣一致，并有绘画爱好的人聚在一起，各自拿出自己得意的旧作和新作来欣赏这样的生活。他的书信里经常写的是自己对居室周围的美的发现，“从我的房间窗口看工场，景致简直动人极了：但见一条小路两旁白杨林立，苗条的树干上纤细的枝条姿态优雅地指向傍晚灰暗的天空，用作仓库的旧建筑物倒映在水中，水面之平静，一如《以赛亚书》中提到的‘古老的池塘水’。仓库临近水边的那面墙长满绿苔，饱经风雨剥蚀。更靠近水的地方，有个小花园，围绕花园的栏杆旁是一簇簇玫瑰花丛。工场里到处可见工人的黑色身影”。

作为画家，他感到每时每刻都有激动人心的事情发生，发现自己能够较好地和穷人或者所谓的普通人相处。有次，因为他没有钱付给模特，便告诉她不用再来了，可是这个贫穷的妇人还是来了，“可我不是来给你摆姿势作画的，我只是来看看你中午有没有东西吃”。她给他带来了一盘蚕豆和马铃薯，这令他十分感动。在他看来，“要懂得毫无怨言的忍耐，因为这是唯一现实的方法，是一门了不起的学问，一门需要学习的课程，是解决人生问题的法宝”。

（五）《夜晚的咖啡馆》赏析

凡·高的激情源自他所生活在其中的那个世界，源自他所认识的人们所做的按捺不住的强烈反应，而这种反应绝不是一个原始人或小孩子所作出的那种简单的反应。他写给弟弟提奥的信，是一个艺术家写出来的动人的故事。信中表明了他高度敏感的知觉力，他敏锐地意识到，自己正在通过黄色或蓝色来获得感受。他的大部分色彩观念用来表达对人和自然的爱，及其在这个表现过程中体会到的愉快，他对较深的色彩十分敏感，所以在谈到《夜晚的

图 13

咖啡馆》(见图 13) 时，他说：“我试图用红色和绿色为手段，来表现人类可怕的激情。”《夜晚的咖啡馆》是由深绿色的天花板、血红的墙壁和不和谐的绿色家具组成的。金灿灿的黄色地板呈纵向透视，以难以置信的力量进入到红色背景之中，反过来，红色背景也用均等的力量与之抗衡。这幅画展现了透视空间和企图破坏这个空间的逼人色彩之间的永不调和的斗争，会令人体验到一种幽闭、恐怖和压迫感。作品预示了超现实主义用透视作为幻想表现手段的探索，这种探索具有震撼人心的力量。

【设计说明】

本活动主要是让学生在充分了解美术大师凡·高的生平故事的基础上，对其作品进行欣赏。通过对美术大师的生平和作品的欣赏，抓住它们内在的关系。学生可以仔细揣摩在不同时期大师的作品有什么不同，以及作品的艺术特色，与其他大师作品有哪些联系，又有哪些区别。在这个赏析的过程中，提高学生的自主探索能力，以及对于美术作品的赏析能力，进而提高学生的综合美术素养。

三、教学评价

1. 学生能否积极地投入到美术欣赏课的学习中。
2. 通过欣赏，学生能否提高自身的审美能力和创造力。
3. 学生能否正确地欣赏大师的作品。
4. 能否培养学生热爱学习的精神。

第十五章　综合实践活动教学案例

第一节　指偶表演

一、活动内容

以班级小组为单位，从《动物世界》书中选择一个简单的故事——《月光摇篮曲》，学生根据书中的动物，制作与之形象相配的指偶，分组把这个故事表演出来。

二、活动目的

1. 培养学生形象思维的能力。

2. 提高学生用美术表达自己感受的能力，设计与自己生活实际贴近的小物品。

3. 加强学生之间的合作。

三、活动流程

1. 活动地点：草坪上。

2. 活动方案：将班级 30 个学生分成 5 小组，采用小组比赛的形式，看哪一组演得最形象，评选出“最棒明星小组”和“最棒演员”，以“小红星”作为奖励。

3. 活动实施：

(1) 准备材料：小白鼠和蓝喜鹊的动物纸面具、花花衣、闪亮的星光及一些故事背景材料设计。

(2) 人物角色分配：各小组自主分配角色，如小白鼠、蓝喜鹊、月亮、床、萤火虫、大树等。

(3) 活动过程：按照故事内容各小组表演。

月亮升起来了。一只刚刚会走路的小白鼠（学生扮演），从幽暗的地洞里跑出来了。他站在一棵大树下面，望着天上的月亮。他想，月亮一定是乘着一朵云飘过来的，正要落在这棵大树上。小白鼠想摸一摸那轮圆圆的月亮，于是他决定顺着树干往上爬。他把这又粗又高又直的树干当成了一条通往月亮的路。他相信只要自己一直往上爬，就能爬到月亮上去。小白鼠往上爬啊爬，爬啊爬，忽然听见有谁向他打招呼："小白鼠，你好啊!"说话的是住在树上的一只蓝喜鹊（学生扮演）。她正坐在自己的窝里四处观望风景。"您好啊，喜鹊大婶!"小白鼠爬到喜鹊窝边，"这里是您的家吗?""是啊，欢迎你来做客!"蓝喜鹊热情地对小白鼠说。小白鼠爬进喜鹊窝里，这里看看，那里瞧瞧，说："啊，喜鹊大婶，您的家真漂亮，真舒服啊!"忽然，他看见在树叶之间，有点点闪亮的星光飞来飞去。"这些一闪一闪、发光的东西是什么呀?"小白鼠惊奇地问道。"那是萤火虫（多个学生扮演）啊?"蓝喜鹊告诉他。"它们是月亮的孩子吗?"小白鼠又问。这时候，月亮慢慢地升起来了，离大树更近了。"月亮什么时候才能落在大树上呢?"小白鼠问。"等你睡着了的时候，它就会落下来了。"蓝喜鹊轻轻地说。小白鼠渐渐地合上了眼睛，睡了。蓝喜鹊看着小白鼠睡在自己的窝里，看起来很乖。月亮慢慢地向树梢移近了，月光洒进喜鹊窝里来了。喜鹊大婶给小白鼠哼起了摇篮曲……摇篮曲飘进小白鼠的梦里，他梦见自己的怀里正抱着一轮圆圆的月亮。

4. 活动评价：

(1) 学生是否积极投入到表演中。

(2) 根据对角色的理解，学生表演得是否形象。

(3) 在表演的过程中，学生是否加入了自己的创意。

第二节　手工小制作

一、活动背景

著名心理学家皮亚杰说过："儿童的思维是从动作开始的，切断动作与思维的联系，思维就不能得到发展。"小学阶段是学生从具体形象思维向抽象逻辑思维过渡的一个阶段。实践操作可以使知识"内化"为儿童的智力活动。让学生从形象到表象再到抽象，促使认识的内化，促进认知结构的形成和学习技能的提高，从而达到智慧的生成和创造力的凸现。

二、活动过程

（一）相关人员和事件

三年级和四年级全体同学，分小组进行手工制作。

（二）活动计划

第一阶段：小制作总动员。通过欣赏图片，激发学生的活动热情。

第二阶段：小制作活动。通过小组分工合作共同完成。

第三阶段：汇报阶段。各小组分别展示完成的作品。

（三）活动实施

第一阶段：动员。

活动目标：调动学生参与活动的兴趣和热情。

活动准备：查阅书籍及网上搜索小制作图片及资料。

活动流程：

1. 欣赏图片

（1）展示小制作的图片。教师一边展示，一边向学生介绍各个小制作的类型，比如，塑料瓶装饰品、环保衣服、布艺等。

（2）同学交流，看哪个图片令人印象深刻：这些物品都是由我们身边看似没用的一些东西制作而成的，如看过的报纸等。大家随处可见这些材料，可以课后看看我们身边是不是有这些材料呢？大家想不想动动脑筋，动手试试呢？

2. 制订方案

（1）确定制作内容。老师分配小组，学生推选小组长。

（2）搜集资料。

学生在制作前要阅读与制作内容有关的书籍，查阅关于科技小制作方面的资料。可采用多种查阅方式，如翻阅书籍、网上查询、向家长或老师咨询等。

第二阶段：制作。

活动目标：培养学生的动手、动脑能力，让学生体验到团结合作的重要性。

活动流程：

1. 搜集材料

小组成员间相互合作，共同搜集。

要求：(1) 可利用废旧材料，经过设计、加工、制作而成的有一定价值的作品。(2) 不可使用钱币或对环境造成污染的不清洁材料。

2. 完成作品

要求：(1) 作品是由学生本人独立或小组合作而完成的。学生若遇到困难，可以向家长或老师请教，但不得由家长代替学生完成。

(2) 在制作过程中，学生使用材料、刀具时应注意安全。

(3) 课后对教室进行清扫。

第三阶段：汇报、展示。

活动目标：让学生体验小组合作成功的喜悦，懂得只有经过努力才能获得成功。

活动流程：

1. 分小组展示自己的作品

(1)“纸艺术”小组展示

小组长介绍：我们身边有各式各样的纸，只要我们开动脑筋，动一动手，就能制作出许多东西来。

① 剪纸

材料准备：尺、剪刀、彩色卡纸、铅笔。

制作过程：

a. 选择图案；

b. 用铅笔、尺规画；

c. 剪纸完成。

② 风筝

材料准备：尺、剪刀、铅笔、胶水或双面胶、纸、竹片。

制作过程：

a. 用竹片制作框架；

b. 剪纸粘贴；

c. 完成作品。

(2)“制作塑料瓶装饰品”小组展示

① 不倒翁

材料准备：薯片筒、棉花、废报纸、卡纸、棉线、剪刀、水彩笔、胶水或双面胶。

制作过程：

a. 将薯片筒剪下一段来当作不倒翁的身体；

b. 剪下来的薯片筒的内侧用双面胶固定好一块石头

c. 用黑、白两种颜色的卡纸将薯片筒装饰一下；

d. 用黑色即时贴将乒乓球包裹，当作不倒翁的脑袋，并在不倒翁的头上装饰上眼睛、鼻子和嘴；

e. 将制作好的不倒翁的头和身体用双面胶连在一起。

② 小花篮

材料准备：可乐塑料瓶、彩色卡纸、剪刀、水彩笔、胶水或双面胶。

制作过程：

a. 将可乐塑料瓶瓶口部分剪掉；

b. 将可乐塑料瓶纵向剪成细条，留稍粗一些的两根，粘在一起；

c. 将细条弯曲，粘在瓶身上；

d. 修理完成。

三、评选优秀作品

师：这次的作品，大家完成得都很好。有的作品是学生用现成的画报剪贴而成的；有的是先拍照片，然后用照片制作而成的；还有的是学生自己画出的一幅幅美丽的图画，然后将图画拼贴而成的。总的来说，作品是各具特色。

四、进行全校手工作品展

1. 活动过程：本着“节约资源，美化环境，提倡环保，变废为宝”的原则，我班选择了综合实践活动中“手工小制作”的主题。我们的活动口号是“动手又动脑，才能有创造”。经过精心选择，我们确定了“制作塑料瓶装饰品”“纸艺术”的主题，给予学生充足的时间去完成作品的制作和展示。

2. 活动评价：

（1）学生能否根据自己搜集的资料进行有创意的手工制作。

（2）学生能否让丢弃的废品重新焕发光彩。

（3）学生是否真正地做到小组合作完成制作。

（4）你喜欢这节课吗？

A. 很喜欢（　　）　　B. 一般（　　）　　C. 不喜欢（　　）

（5）你会用几种方法变废为宝？

A. 一种（　　）　　B. 两种（　　）　　C. 多种（　　）

（6）你是怎么学会制作小物品的？

A. 看书自学（　　）　　B. 同学之间交流（　　）
C. 教师指导（　　）　　D. 其他（　　）

第三节　秋天的诗

一、活动目标

1. 通过课题的提出及研究过程，培养学生主动质疑的意识，以及勇于探究、大胆实践的学习品质和科学态度。

2. 在小组合作中，培养学生的协作能力和合作意识。

3. 在研究课题过程中，通过上网搜集资料进而归整资料，培养学生获取、分析、加工、利用和归纳信息的能力，培养他们良好的信息素养。

4. 激发学生阅读古诗的兴趣，培养其学习的主动性，增强创新意识，提高创新能力。

5. 通过自己的感受及对古诗的理解，学生绘画或者制作书签。

二、活动安排

1. 相关人员和事件

五、六年级学生，分小组进行。

2. 活动过程

（1）组织学生讨论，确定“秋天的诗”综合实践活动的实施方案。

（2）学生按照方案分四个小组进行实践活动。

（3）四个小组确定好有关“秋天的诗”的四个课题，然后在组长的带领下进行实践活动。

① 准备好数码相机，利用节假日的时间，到公园欣赏秋天的美景。

② 学生通过查阅书籍，搜集赞美秋天的诗歌。

③ 根据诗意，创作出表现诗的意境的图画。

三、课堂汇报

活动展示阶段课堂实录

一、展示活动导入

师：同学们，前段时间，大家经过讨论，确定了我班“秋天的诗”综合实践的活动方案，各组根据自己的计划进行了实践，搜集到了不少古诗，现在到了我们展示的时候了。今天这次集体活动，就请大家来展示自己的活动成果，都准备好了吗？

二、学生展示（选取其中两个小组）

第一小组组长：我们小组的4位同学在讨论时一致认为，秋天与其他季节相比，有着其独特的风光，于是，我们小组确定的主题就是：秋天的足迹。我们利用节假日到公园去寻找秋天，欣赏秋天。看，这就是我们在公园寻秋时的情景。（播放录像）每位同学根据自己喜爱的事物，搜集了相对应的古诗。下面由我组的四位同学分别向大家汇报。

生1：一进公园，我就闻到了一股浓浓的花香。我顺着香味找去，发现原来是美丽的桂花散发出的香味，它们晶莹剔透，芳香四溢。我情不自禁地拍下了这幅照片（展示图片）。我想，如果能有一首诗来赞美桂花，那该多好啊！我通过查阅书籍找到了《岩桂》这首赞美桂花的诗。[岩桂（宋　朱熹）亭亭岩下桂，岁晚独芬芳。叶密千层绿，花开万点黄。天香生净想，云影护仙女。谁识王孙意，空吟招隐章。]从这首诗中，我仿佛看到了桂花那婀娜多姿的身影，甚至还闻到了那股幽幽的花香。

生2：在公园里，凉爽的秋风拂过我的脸颊，令人感到十分舒服。同时，我看到了落叶在风中翩翩起舞，于是，我不由自主地想起了《风》这首诗。（展示图片）[《风》（唐　李乔）解落三秋叶，能开二月花。过江千尺浪，入竹万竿斜。]诗人寥寥四句就写出了风的特点，多么生动啊！

生3：中秋节的晚上，皓月当空。我在家画了一幅月夜的图画，而且从网上找到了一首古诗《十五夜望月寄杜朗中》（展示图片），接下来，我来给大家朗读这首诗。[《十五夜望月寄杜朗中》（唐　王建）中庭地白树栖鸦，冷露无声湿桂花。今夜月明人尽望，不知秋思落谁家。]读了这首诗，我觉得，作者将望月怀人的感情表达得淋漓尽致。

生4：我特别喜欢花，因此，到了公园之后，我就去寻找美丽的花儿。功夫不负有心人，我看到了五彩缤纷的菊花，它们美丽极了。于是，我想到了课外读到的一首赞美菊花的诗——《菊花》。（展示图片）[《菊花》（唐　元稹）秋丛绕舍似陶家，遍绕篱边日渐斜。不是花中偏爱菊，此花开尽更无花。]菊花能得到许多文人的赞美，大概就是因为“此花开尽更无花”吧！

组长：我们这组的汇报结束了，谢谢大家。

师（小结）：谢谢第一组同学的精彩汇报。你们通过对大自然的观察，搜集了古诗、学习了古诗，其实，生活就是一本内容丰富多彩的书啊！

第二小组组长：秋高气爽，层林尽染，有不少诗人用诗歌来赞美秋天，于是，我们小组的同学就选择了“秋天的赞歌”为主题，搜集了许多赞美秋天的古诗，并为这些古诗配上插图，以便大家理解。

生1：我们组确定了研究方向后，就找到了《望洞庭》这首诗。[《望洞庭》(唐　刘禹锡)湖光秋月两相和，潭面无风镜未磨。遥望洞庭山水色，白银盘里一青螺。]读着这首诗，秋夜迷人的洞庭湖景也似乎在眼前浮现。因此，经过构思我们画出了这幅画，(展示图片)看，月光下，山水相映，这样的景色我们怎能不加以赞美呢？

生2：我们从《语文》课本中找到的这首诗《山行》。[《山行》(唐　杜牧)远上寒山石径斜，白云生处有人家。停车坐爱枫林晚，霜叶红于二月花。]从诗中的“霜叶红于二月花”一句中，我能想象到枫叶被秋霜染过，比二月春花还要红艳的景象。看来，诗人非常喜爱这深秋的枫林晚景。看，我们根据诗的内容，画出了这幅画(展示图片)。真是“秋”光无限好啊！

三、制作书签

1. 师：刚才两组同学的成果展示各具特色，展示的形式也很新颖。现在，老师把自己制作的书签送给大家，上面有李白《行路难》诗歌中的两句——长风破浪会有时，直挂云帆济沧海。希望你们今后在学习中继续努力，以取得更大进步。

教师赠送学生书签。

2. 师：同学们是不是也想制作这样的诗歌书签？老师准备了一些空白的书签，大家可以以合作的形式，从描写秋天的诗中选出经典的诗句写在书签上，也可以自己制作书签，让收到书签的人能从你的诗句中或者画面中有所收获，好吗？

学生讨论。

3. 教师分发空白书签，学生制作书签。

4. 书签展示，并在班内组织书签赠送活动。

四、活动评价

1. 我的书签是否表现出很多的感情意义？

2. 我是否将自己感受诗的思想完全融入画面的创作中？

3. 你找到了几首关于秋天的诗？

A. 一首(　　)　　　B. 两首(　　)　　　C. 多首(　　)

附录1：单元主题课程实施（以人教版教材为例）对照表

表1

年级	一年级上学期	一年级下学期	二年级上学期	二年级下学期	三年级上学期	三年级下学期
活动内容	活动一：我在空中飞 活动二：我的新朋友 活动三：繁忙的交通 活动四：乘上列车去画画	活动一：花地毯 活动二：小挂饰 活动三：会摇的玩具	活动一：闪光的名字 活动二：花衣裳 活动三：指偶剧院	活动一：点、线、面 活动二：重叠的形状 活动三：漂亮的花边 活动四：认识图形标志	活动一：万花筒 活动二：有趣的鞋 活动三：团包手工	活动一：重重复复 活动二：曲曲直直 活动三：平平稳稳 活动四：彩色玻璃窗 活动五：家乡的桥与塔

表2

年级	四年级上学期	四年级下学期	五年级上学期	五年级下学期	六年级上学期	六年级下学期
活动内容	活动一：登山游戏	活动一：小圆点的魅力 活动二：主体与背景 活动三：卡通画 活动四：漂来漂去的小岛	活动一：万绿丛中一点红 活动二：色彩的和谐 活动三：美丽的纹样	活动一：旅游节 活动二：舞台布景	活动一：远近的奥秘 活动二：风景写生 活动三：心中的风景	活动一：寻找美的痕迹 活动二：明与暗 活动三：泥浮雕 活动四：图文并茂

附录2：三年级单元整体教学案例——卡通画

一、总体构想：共四课时

模块一：卡通画阅读与欣赏（共一课时）

模块二：卡通画技能技法（共两课时）

模块三：卡通画实践活动（共一课时）

二、单元学习目标

1. 通过卡通画的阅读与欣赏，学生能理解什么是卡通画及卡通画的基本特点。

2. 通过对技能技法的学习，学生能够基本掌握简易五官的绘画技法。

3. 在老师的带领下，通过实践活动，学生能够掌握卡通画基本的造型和构图。

三、具体实施过程

模块一：卡通画阅读与欣赏

1. 教学准备

多媒体资料、教师范画、五官局部范画。

2. 教学流程

师：美丽的卡通形象、令人惊叹的效果、情节曲折的故事、幽默搞笑的片段，都是人们所喜欢的。

师：大家来说一说自己都喜欢哪些卡通形象。

生：樱桃小丸子、多拉A梦、小熊维尼、米奇米尼……

师：大家说得真不错，有很多卡通形象连老师也叫不上名字来，可见这是大家平时多观察的结果。

师：老师也准备了一些卡通形象，下面我们一起来欣赏一下吧！在欣赏的过程中，大家要带着这两个问题进行欣赏：(1) 这些卡通形象有什么样的特点？(2) 你是如何进行卡通画创作的？

师：什么是卡通画？卡通画，作为一种艺术形式，最早起源于欧洲。在古代，壁画在正式画到墙上之前都要经过审稿。有一次，一个国家的市政大厅要画壁画，于是就举办了一次创作比赛，规定胜出的人可以承包这次工程。这次比赛展览了很多优秀的作品。报社看到了商机，决定将这些作品都刊登在报纸上。在这次比赛之后，报社开始刊登这样的绘画，卡通画也就因此而诞生了。

师（讲解卡通画的特点）：卡通画要求夸张与变形，线条流畅。它的形式要比普通意义上的漫画还要广泛，强调讽刺、机智和幽默，可附加或无需文字说明。

师：平时我们在临摹大师作品的时候，可以深切体会到他们独特的绘画技巧，如富有个性的线条、绚丽的色彩、细腻的质感和独具匠心的背景安排等。但是，在卡通画世界里，可贵的并不是临摹，而是创造。在欣赏优秀的卡通作品、训练技法的基础上，大家要将自己的感受融入创作中，不怕失败，勇于尝试，这样才能成为一个优秀的卡通画家。

模块二：卡通画技能技法

1. 教学准备

多媒体资料、教材、素描纸、2B铅笔、教师范画等。

2. 教学流程

师：上节课我们欣赏了一些卡通画形象，那么这节课，我们一起来试着画一画卡通画。

表情变化：喜、怒、哀、乐。

头部的表现步骤：头部的基本形状，强化五官、发型及头饰。

教师示范新疆姑娘的画法：（1）脸儿圆圆戴小帽；（2）眼睛大来嘴巴小；（3）画上耳朵和头发；（4）添上小辫七八条。

师：我们看一下课本右下角这幅画，你认为这幅画中哪个部位最难画？

生：眼睛，头发，脸型……

师：那我们把图画中人物的五官分解开来画。我们先来看眼睛，眼睛是心灵的窗户，它承担着传达卡通人物情感的作用，许多丰富的表情都是通过眼睛传达出来的。将不同表情卡通形象的眼睛放入同一个脸型当中，会产生不同的效果，这就说明了眼睛在人物表情中的作用。

师（出示课件）：我们一起来欣赏一下各种各样的卡通形象的眼睛。大家看大屏幕，一起来试着画一画这双眼睛。第一步，注意观察，看它是单眼皮还是双眼皮；第二步，注意眼珠大小，眼白大小、方向和位置。第三步，注意眼眉的走向。

（学生练习，教师巡回指导）

师：下面我们看一下卡通形象的耳朵的画法，要注意卡通形象的耳朵的正面、背面和侧面。在相同的卡通形象上摆放不同造型的耳朵，看看是不是很有喜剧效果。

（学生练习，教师巡回指导）

师：在卡通画中，画鼻子、嘴巴相对来说比较简单，只要大家能够找对它们的位置，基本上没有太大的问题。下面，大家就根据课本上的范画进行分解练习。

师：最后，我们来看一下卡通形象的头发的画法。在一幅画中，头发对人物形象的展现也起到了关键性的作用。在画头发的时候，大家一定要注意进行分组绘画，用最简练的线条概括出卡通形象最主要的造型。

（学生练习，教师巡回指导）

师（选择学生作业进行评价）：大家的绘画主要有两个问题，一是在画卡通形象的眼珠的时候，黑眼珠部分涂得颜色不够重；二是卡通形象的头发的线条过于死板。

师：大家先停一下手里的绘画。大家感觉在卡通形象的五官里最难画的是哪个部位？

生：眼睛，头发。

师：我们来看几位同学的作业。在这几幅画中，你感觉哪个部分画得不好看？

生：第一幅画中的卡通形象的眼睛画得不好。

师：为什么呢？我们把这幅画和课本上的范画比较一下，看一下卡通形象的眼珠，这位同学画得颜色是不是太淡了呢？黑眼珠画得不够黑，也就是说颜色画得还不够重，所以看上去眼睛比较平淡，不够亮。再来看第二幅画。

生：卡通形象的头发太乱了。

师：谁来说一下为什么会这样？

生：其实，他没将卡通形象的五官分解去画。

师：第一，这位同学没分解画五官；第二，这位同学画的线条过于死板；第三，线条发型的轮廓不够概括。

师：根据老师刚才提示大家要注意的地方，多观察一下，再练习一下吧！

模块三：卡通画实践活动

1. 教学准备

素描纸、2B铅笔、范画等。

2. 教学流程

师：上一节课大家对卡通形象五官进行了分解练习，这一节课我们一起来进行完整的卡通画临摹。大家先看一下课本上左下角这幅画，然后观察一下，找出它的特点。

师：谁来说一下？

生：这幅画的卡通形象比较漂亮。

生：美丽，好看。

师：刚才这两个同学说这个卡通形象漂亮、美丽、好看。其实，这幅画是我们见到的比较普通的一幅画，特点并不是很鲜明，但是，越是这样的题材，其特点把握起来就越困难。我们一起来看一下，该如何临摹一幅完整的卡通画。

师：首先是构图，这里有一张素描纸，我们要考虑是竖着用这张纸还是横着用，这是第一点。（竖着用）在画之前，我们要找出一个最高点，也就是卡通形象的头顶的位置，在头顶位置的上面稍微空出一点来，这样会使整个画面的构图不过于太满。然后找到卡通形象的下巴的大概位置，应该是在这里。我们已经找出卡通形象的整个头的高度了，我们再来观察卡通形象的头的宽度，找出它的大概的位置，看一看这个卡通形象是长脸还是圆脸。若是长脸的话，宽度则相对小一点，差不多在这个位置。若是圆脸，宽度则相对较大。这样，卡通形象的头的外轮廓基本上就找出来了。下一步我们要找到中线这个位置。我们再来观察卡通形象的五官，先看眼睛的位置，差不多在中间这个位置。我们大概标注一下，这样眼睛的位置也找出来了。再来找鼻子、嘴巴、眉毛和耳朵的位置就比较容易了。根据上节课我们的分解练习，分别把五官放到刚才我们找的位置，这幅画就完成了。下面，大家试着练习一下，在画的过程中，需要注意几个问题：第一，构图；第二，画的线条一定要放松，不要画得太死板。

师：大家一起来看一下这几个同学的作品。第一幅是哪位同学画的？请你自己评价一下，先说一下这幅画的优点。

生：我感觉构图还可以，眼睛画得也还可以。

师：那你再来说一说这幅画的缺点吧。

生：缺点就是和课本上的卡通形象太不像了。

师：好，请坐。我们再来看第二幅画，这是哪位同学画的？请你自己来说一下吧。

生：我感觉优点是眼睛和头发画得挺好的，缺点是构图出现了问题。

师：第三个同学来说一下自己的作业。

生：我感觉卡通形象的头发画得还行，缺点就是与课本上的卡通形象太不像了。

师：下面大家来说一下这三幅画，哪一幅画让你第一眼看上去就特别舒服？

生：第一幅画。

师：同意这一观点的同学请举手。谁能说一下为什么第一幅画让你感觉舒服？

生：我感觉第一幅画画得像。

师：请坐。刚才的同学回答得很精彩。我们一起来看一下。先看构图，第一幅画画得不错，第二幅画画得偏大，第三幅画画得太小了。再来看五官。第一幅画看着比较舒服，第二幅画里的卡通形象的两只眼睛的距离画得太远了，头发画得还不错。第三幅画里的卡通形象的眼睛画得不错，我们再来看卡通形象的头发，给你什么感觉？是不是感觉头发像是没长到头上呢？

生：是。

师：出现这个问题的原因就是对这个人物的观察还不够细致，没弄清楚它的脸型应该是什么样的，头顶的位置到底应该在哪里比较合适，大家在画头发的时候就应该想好头顶的位置要定在哪里。后两位同学在画卡通形象时将五官分开来画，还是不错的，只是构图出现了问题，画卡通形象的眼睛、鼻子和嘴巴时没找对位置，因此，看上去肯定就会不舒服。下面大家再看一下自己的作业，进行修改。

师：这节课我们就上到这里。

附录3：六年级单元整体教学案例——中国画

一、总体构想：共四个课时

模块一：中国画阅读与欣赏（共一课时）

模块二：中国画技能技法（共两课时）

模块三：中国画实践活动（共一课时）

二、单元学习目标

通过学习，学生对中国画能有简单的了解和认识，可以用自己的语言阐述对画面的感觉和想法，可以进行写意花鸟的简单创作。

三、具体实施过程

模块一：中国画阅读与欣赏

1. 教学流程

师：通过上节课中国画模块的学习，我们简单地了解了中国画和西方油画的区别，同时我们也学习了中国画的独特之处。下面，通过欣赏这幅画，大家和老师一起回忆下我们之前所学的知识（出示课件——郑板桥的竹子）。

师：请看，在这幅画中，画中有什么？作者表现了什么？看了这幅画后你有什么感觉？可以想到什么？

生：山、石头和竹子。

生：竹子在山石中顽强生长。

师：看了这幅画后，你有什么感受？

生：清爽、自然。

生：画中有远近。

生：竹子用墨比较重，山石用墨比较轻。

师：通过这幅画，我们能够想到哪首诗？

生：《竹石》这首诗歌。

师：谁可以背一下这首诗？

生：咬定青山不放松，立根原在破岩中。

千磨万击还坚劲，任尔东西南北风。

师：我们看一下，这首《竹石》是不是作者为这幅画而题写的。果然是《竹石》这首诗歌。作者的字和画浑然一体，使整幅画面看起来很舒服。在诗歌的后面，我们还可以看到作者的两方印章，它们用来表示这幅画的作者的身份。

师（总结）：中国画是一个集诗、书、画、印于一体的艺术形式。我们在欣赏一幅画的时候要从这几方面看。

师：说到中国花鸟画，我们不得不提到一个人——齐白石（教师出示课件）。

（学生阅读齐白石生平简介）

师：下面我们来欣赏齐白石先生的一幅作品（教师出示图片）。

师：这幅画里有哪些内容？

生：山、水、蝌蚪。

师：本幅作品的名字为《蛙声十里出山泉》，看了这幅画，大家有什么感受？

生：水流得很轻快，蝌蚪在水中自由自在地游动。

师：通过画面，我们再来看一下，大家体会一下这种感觉——意境之美。结合我们之前学过的模块和用笔方法，这幅画中都运用了哪些手法？

生：山泉运用的是中锋，石头运用的是侧锋。

师：结合题目和画面，你能体会到大师在表现什么？

生：画面的意境之美跃然纸上。

师：我们来看一下这幅画，画中表现的是什么？

生：花。

师：还有吗？

生：叶子。

师：对，这是一株万年青，红的部分不是花，而是果子。这幅画的落款为“祖国万岁”，采用的字体是篆书。

师：整幅画面带给大家什么感觉？为什么？

生：喜庆。

生：感觉就只有一棵植物立在那里，很孤独。

师：嗯，是会有这样的感觉，待会我们再看一下是不是这样。

生：万年青代表着祖国万岁。

师：作者想通过这幅画对祖国表达一种什么样的心情？

生：祝福、热爱。希望祖国万年常青，红红火火。

师：通过大家的分析，我们可以得知作者在创作这幅画时的目的和心情。希望大家要多方面、多角度欣赏作品，才能体会到作者内心想要表达的内容。

师（视频介绍《万年青》作品）：这幅作品主要包含了红和绿两种颜色。

红、绿两种颜色是对比色，作者用对比的颜色表现了强烈的爱国之情。

师：我们再来看齐白石的另一幅作品。画面简洁，墨色浓淡，富有变化。大家想一下：这样的技法作者是如何获得的。

师：这幅画画的是什么？

生：蝉。

师：枝、叶、蝉。

师：大家看了这幅画有什么感觉？

生：感觉很自然，非常有活力。

生：我觉得若是没有了这只蝉就会感觉很静，加了这只蝉就会让人产生静中有动的感觉。

师（引导学生感受中国画笔墨之美）：加入了蝉为画面带来了生机，这是这位同学的观点。那我们来看一下作者的笔墨，还是看枝，他是用了？

生：焦墨、浓墨。

师：笔触用了？

生：叶子采用的画法是侧锋。

师：从画中我们能感受到焦、浓、重、淡、轻这五色的变化。

师：通过这样一个清新的画面，我们可以体会到墨的丰富变化。希望同学们在今后的绘画中也能充分利用这一点。

师：这里有两幅作品，大家带着三个问题来欣赏。

师：两幅画表现了什么？

生：画面相似，感觉不同之处主要在荷花。

生：我能感觉到风不是很大，因为河面看起来微波粼粼。

师：根据画面，你能判断出这幅画画的是哪个季节？

生：夏天。

师：我们来看画面中的莲子，想一下，莲子一般在哪个季节成熟。

生：夏末秋初。

师：这两幅画的整个的构图是怎样的？

生：两幅画的画面都有些偏。

师：如果大家在作画的时候，画面出现这种感觉，老师就会告诉你，你的构图偏了。但是，我们通过观察这两幅作品，你有这样的（偏）感觉吗？

生：没有。

师：对，非但没有，还看起来很舒服，这是为什么呢？

生：因为空出来的地方，留给看画的人很多想象的空间。

师：能让我们想象。很好，我们看到的中国花鸟画中，经常会出现这样的画法。很多名师在作画时都会采用这样的方式，这就是我们中国艺术当中的“留白”——不去表现，但是又留给人很多想象的空间。

生：我感觉画中的小动物起着衬托和画龙点睛的作用。

师：非常好，大家能通过画面有自己的理解。接下来，我们再来看另外两幅作品《葫芦》《白菜》，它们分别画的是什么？

生：葫芦。

生：小强（蟑螂）。

生：白菜、蚂蚱、蝗虫、蝈蝈。

师：对这两幅作品有一个简单的介绍。

（学生读画面介绍）

师：刚才我们欣赏的几幅作品都是齐白石老人创作的。白石老人一生没有画人物、江山，反而画的都是生活中的细小事物。他的每一幅画都富有生机，形象自在。山泉自在，蝌蚪也自在。整个画面没有使用特别华丽的颜色，但是，每个画面都很清新、和谐。一开始，我们在介绍白石老人的时候讲到，白石老人的幼年是在农村度过的，这样的生活环境为他日后的作画提供了大量的素材。从作者喜欢画这些喜闻乐见的细小事物中，大家觉得齐白石老人有什么样的性格和生活态度。

生：生活朴实，不奢华。

师：很好。接下来的这幅画是介绍一位官员向齐白石老人求画，齐白石给他画了一幅《不倒翁》。那不倒翁为什么不倒？

生：因为不倒翁的下面是椭圆形的。

师：齐白石画的是大家平时玩的不倒翁，从大师的刻画和落款中，大家能体会到他什么样的人格魅力？

生：低调，耿直，真诚。

师：提到齐白石呢，不能不提到他的经典作品《虾》。为什么说齐白石的虾画得最好？中外名家中画虾的人特别多，但是，齐白石老人画的虾最有名，那么他画的虾有什么特点？

师：他画的虾让人感觉整个虾是透明的，墨色用得非常好。作画妙在似与不似之间，太似为媚俗，不似为欺世。最后，我们来总结一下齐白石老人的艺术风格，他的画面笔墨雄浑有力，色彩浓艳明快，造型简练生动，意境淳厚朴实，并富有童趣。

师（总结）：（1）懂得如何去欣赏一幅作品，要体会作者要表达的感情；

(2) 通过欣赏齐白石老人的作品，反思自己在创作画时应注意什么，并能学以致用。

模块二：中国画技能技法

1. 教具准备

各号毛笔、墨、生宣纸、国画颜色、调色盘、毛毡。

2. 教学流程

师：通过对第一节课的学习，我们对中国画有了基本的认识，这节课我们来画一画中国画。

师：请大家回忆一下绘画技法（中锋，侧锋，逆锋）。

师：下面请同学分别阅读中锋、侧锋、逆锋的定义。

师：我们看一下这三种笔法各自的特点。我准备了白石老人的作品，来看他的作品——《樱桃篮子》，想一想要是你来画这些樱桃你会用哪些技法。现在，分发纸张，大家来画一画，可以用不同的颜色画。（学生根据自己的想象去画，大胆尝试）

师：下面，我们来看一下这三位同学之中哪幅画画得好。我们来提问其中一位同学，让他介绍一下自己采用了哪一种画法。

生：我采用的是侧锋。

生：我先用侧锋画出一半，然后勾勒出另一半。

师（示范）：我们首先用曙红，以中锋入笔，迅速转成侧锋，从左边从上到下，右边从上往下，中间留出空白，给人留下想象的空间。我们再用笔尖蘸一点浓胭脂，让它有渐变的效果。

师：同学们再看一看刚才同学的作品有没有改善。

师：下面我们来画叶子，同学们可以自己先尝试画一下。想一想画叶子需要哪些技法，如何画。

师：哪位同学能告诉我画叶子的技法？

生：笔蘸淡墨，笔尖蘸重墨，用侧锋画，这样画出来的画有层次感，也会产生渐变的效果。

（老师在同学的述说下，完成叶子的绘画。用浓墨画出叶脉。用中锋蘸上重墨，快速用中锋勾出叶脉）

师：下面我们换张纸，把果实和叶子都画到篮子里。看下面哪位同学画得好。

（师找出几位同学完成的作品，贴在黑板上，进行比较）

师：不同的笔法可以表现其他的东西，例如，葡萄、荔枝。下节课，我们来进行中国画的实践活动。下课。

模块三：中国画实践活动

1. 教具准备

各号毛笔、墨、生宣纸、国画颜色、调色盘、毛毡。

2. 教学流程

师：根据上节课老师讲解的笔法的运用，这节课，我们来临摹一副完整的作品，现在打开课本，翻到第111页，书中有讲解画荔枝的详细步骤。

师：第一步，画叶子。用毛笔蘸淡墨，笔尖蘸少许浓墨。注意用侧锋画出叶子。要注意叶子的方向、大小，以及墨色的变化。仔细观察一下，你画的是否像作者画的叶子一样，每一片叶子的宽度、长度是否相等，这是一种变化，要注意观察。第二步，画荔枝果实。在画荔枝果实的时候，一定要注意前后层次的关系和疏密变化，每一个荔枝果实的位置、大小和方向是不一样的。第三步，用干笔点出荔枝果皮上的斑点。注意疏密合理。点的时候，要考虑到干笔应点到哪个位置。

师：在画叶柄和果实的时候，用笔要果断有力。我来给大家提示一下。首先，在画之前一定要把毛笔涮干净，毛笔的水分的掌握情况，每个同学是不同的。可以利用吸水纸来吸收毛笔里的水分。擦笔的时候一定要注意，怎样把水分吸出来，吸到什么程度，一定要掌握好这个度。我们之前讲过用笔要果断有力，毛笔的水分无论是多还是少，都与行笔时的速度有很大关系，如果行笔很慢，就会出现画两遍的情况，水分就会扩散。同样，如果行笔的速度非常快，这个线条画出来就非常有力，大家在画枝的时候一定要注意一下。

在画叶子的时候，最后一步的叶茎勾得是否到位，也取决于毛笔的水分的多少，这一点大家一定要注意。有些同学在画叶子的时候注意到了这一点，画法也很对，可画出来的效果就是不好，原因就在于行笔的速度。在勾叶脉的时候，若是刚画上去的这个叶子还没有干，那么，行笔的速度就要快一点，果断一点，这样勾出来的叶子才会有力，也会让画面比较和谐。同样，如果说画上去的叶子有些干了，在勾的时候就要稍微慢一点，或者是毛笔的水分要多一些。在实践的时候，大家一定要注意把握毛笔的水分，合理利用吸水纸。

师：好了，大家再翻到课本的第111页，暂时先不要动笔。对我刚才提及要注意的几点还没有掌握好的同学先来阅读书中的提示，做到心中有数后再动笔，调墨，开始练习。

（学生临摹绘画阶段）

师：大家来看一下我展示在黑板上的同学的作品。

师：谁来说一下，这几个同学的作品各有什么优点？什么缺点？看了他们的画你有什么感觉？

生：我先评价一下这幅作品，这幅画的颜色有点淡，这几张图片总体来说都没有让人产生活灵活现的感觉。

师：那请你说一下，如何才能让它显得活灵活现？

生：我觉得要注意颜色和运笔。

师：大家先来看一下这几幅作品。第一眼看上去让你觉得比较舒服的是哪幅画？

生：第一行第四幅、第二行第二幅和第四幅

师：在这几幅作品中，最让你感觉不舒服的是哪几幅？

生：第一行第一幅和第二幅，第二行第一幅。

师：请具体说一下，哪个部分最让你感觉不舒服？

生：我感觉第一幅画画里的果实像发霉了一样，可能是因为颜色没调对。

师：可以看出，这位同学在绘画时并没有按照书中的步骤来画。那第二幅呢？

生：果实部分画得太乱，太满。

师：刚才我已经和大家强调过，在画荔枝的果实时，要注意前后的层次、疏密、变化。这幅画就没有注意这一点，果实部分画得太乱，所以导致整幅画看上去很不舒服。

师：好，我们再来看令人感觉比较舒服的这几幅画。请作者说一下，你自己是怎么评价这幅画的？

生：用笔上，勾枝的时候用笔比较慢，所以比较散，不好看。

师：你感觉整幅画中你最满意的是哪里？

生：最满意的是叶子。

师：那果实呢？

生：果实画得密密麻麻的，没有分隔开。

师：还是没有注意疏密变化，是吧？

师：下面这一幅，请作者来说一下。

生：我感觉优点是枝叶画得比较好，画得不满意的地方是果实，因为果实的右边画得有点低。

师：嗯，还是用笔的问题，在颜色方面呢？

生：没有上面那幅画的颜色深。

师：大家再来看一下这一幅画，请这位作者说一下，在画的过程中遇到的最大的困难是什么。

生：画得太大了。

师：我们再来看上面这幅画，你对自己的这幅作品最满意的地方是哪里？

生：枝和叶。

师：那最不满意的地方呢？

生：果实的颜色。

师：这幅画只是颜色不好看，但是，看它的疏密、大小变化，包括叶子的大小、长短、粗细，都画得很好。其实，这些作品都存在一个比较大的问题，但是，好像大家把它忽略了。

生：第二行的第二幅张纸的地方比较偏。

师：还有同学有不同意见吗？

生：有的同学画得大，有的同学画得小。

师：你感觉画得比较适中的是哪一幅？

生：第二行的第二幅。

师：我们再把这些画放到一起，就会发现问题在于构图。在一开始的时候我要求大家来观察，就是想让同学们注意整幅画中荔枝的位置。我们再来看这几幅画中出现的构图的问题。

师：第一幅画的构图是什么问题？

生：构图太偏上。

师：第二幅画呢？

生：有一点偏左。

师：第三幅呢？

生：应该把中心点撑起来，感觉中间太紧凑。

师：对，画面不饱满。应该把中心点给撑起来，把它放到合适的位置，既不偏左也不偏右，这样看上去整幅画面就会比较饱满。所谓饱满就是空白的地方和荔枝占的位置基本上是相等的。

师：第四幅画的构图还是比较好的，就是稍微有点小。这幅作品不是构图的位置问题，是绘画内容大小的问题。

师：第五幅画呢？

生：偏下。

师：第六幅呢？

生：偏上。

师：第七幅？

生：偏下。

师：第八幅？

生：太满了。

师：我们最后再来说一下今后大家需要注意的地方。请各位同学想一下，通过这节课，你感觉自己在画画时有什么问题？你遇到的最大的困难是什么？请那位女生说一下。

生：下笔太犹豫了，每次下笔都不果断。

师：嗯，不敢下笔，那下次你在画的时候，可以这样告诉自己，这就是一张纸，要是画不好就可以将其舍弃，要大胆地下笔。

生：下笔之后，画的各部分会连在一起。

师：这是用笔水分的问题。应该及时地将笔里的水分吸干或者再调一下，直到笔里的水分是自己需要的一个量，再画第二笔。因此，大家要养成好的用笔习惯。还有吗？

生：叶子的墨太浓了。

师：还有吗？

生：果实的颜色有点淡。

师：这两个问题的关键在于墨和色，多调色，多练习就可以了。好了，我们今天的这节课就上到这里。

小学形体单元整体课程实施与评价

第一章　课程概述

形体课旨在发展少年儿童的健康体魄，培养其健美匀称的形体。一方面，学校要落实素质教育，发展学生的个性，提高学生的审美能力；另一方面，学生要学习和掌握正确的健身方法，养成终身锻炼的习惯。形体课的开设在少儿时期是极其重要的，因为在这一时期，人的个性、创造性、批判性思维、解决问题的能力等都处于有待开发的状态，就像一颗刚播下的种子，要有丰富的营养才能保障它的成长，如果缺乏营养或护理不当就有可能导致畸形。小学形体课教育对学生智力的发展、道德的养成、意志品质的培养、身体素质的提高、审美能力的培养等，具有其他课堂教育无法代替的积极作用。

一、课程性质

本课程是一门动作性较强的课程，它以芭蕾舞基础训练为教材，目的是帮助学生修正不良的自然体态。通过对学生身体全方位的训练，培养学生优美的体态、优雅的气质，使学生的肢体更具协调性和韵律感，增强学生身体的表达能力，塑造学生的形体美。

二、指导思想

形体（舞蹈）是美的一种形式，是人体运动的一种艺术，它包括节奏、表情、构图（即造型）三个方面。舞蹈动作必须在节奏中进行，因为节奏是舞蹈形式美的一个重要方面。在舞蹈表演中，人的动作是随着主观情感的变化而变化的，因为身体的动作有快慢（速度）、强弱（力度）、重轻（沉浮）、大小（幅度）、静动、放收等不同节奏的对比。节奏在舞蹈中起着至关重要的作用，所以节奏性训练是形体课必不可少的训练单元。学生要了解音乐节奏的变化，才能更好地把握音乐，较好地完成舞蹈组合。

三、教学实施

教师应充分注意处于这一年龄段的学生以形象思维为主，好奇、好动、模仿力强的身心特点，善于利用学生灵巧的形体，分五个单元（单一性、节奏性、协调性、拓展性、阅读欣赏）进行教学。形体课增强了学生的柔韧性、协调性、灵敏性、节奏感，在提高学生身体素质的同时，也可以加强学生与他人交往、沟通、协调的能力，全面提高学生的综合潜在素质，还可以强化学生进行形体锻炼的意识，掌握一些科学、必要的锻炼方法。

四、评价体系

正确的教学评价可以帮助教师了解是否达到预定的教学目标，也为了解教学过程提供了反馈信息，并能鼓励学生进行自觉的学习。评价一般可采取以下几种形式：

1. 教师直接评价

在教学过程中，教师直接评价学生的当前状况、动作的正确性，让其成为榜样，也可以直接指出其不足，以点带面，促进一部分学生进行自我纠正。这样，不同层次的学生既有成功的满足感，又有挑战困难的决心。

2. 学生互评

以组为单位，学生互相评价，教师进行指导，分析其优劣之处。在学生互评的过程中，学生进行动作的自我完善，自我纠正，避免学生机械模仿动作的产生。

3. 单元性评价

每学期分 5 个单元，因单元要求目标不同，评价的内容也不同。例如，节奏性训练单元主要检测学生掌握的节奏型，能否用拍手或舞蹈动作来表现节奏的快慢；对舞蹈动作、节奏掌握是否熟练，能否表现出自己的舞蹈感觉。

4. 期末评价

在期末，按各个教学内容，结合学生平时的学习情况进行评价，积极鼓励，按 A、B、C 三个等级来评价。

(1) 动作准确，姿态优美，表现力强，音乐节奏准确，舞蹈动作柔和、连贯，面部表情好，整体统一，等级为 A。

(2) 动作较准确，有基本的姿态和表现力，有一定的音乐节奏感，舞蹈动作较柔和、连贯，整体较统一，动作技术中有 1～2 处错误，等级为 B。

(3) 能够完成动作组合，音乐节奏基本准确，表现力和基本姿态稍差，动作技术中有较多不准确的地方，等级为 C。

五、课程总目标

少儿形体训练是一种人体运动，在训练中，人体各部分随着音乐进行有节奏的运动，加速了血液循环，促进了新陈代谢，有利于骨骼、肌肉的生长，提高了关节的灵活性和肌肉的韧性，人体各部分的基本能力不仅得以提高，人体发育也会健全而均衡。

形体训练本身是一种艺术欣赏活动，从表面上看，这种训练仅仅是做几个姿势和动作，但实际上，它让少年儿童自觉地接受一种美的教育。人体经过科学的、艺术的规范化动作训练，美的动作、美的线条、美的造型、美的旋律便组成一场美的感官盛宴。这一训练对少年儿童审美能力的培养、艺术修养的提高和道德情操的陶冶有着不可低估的作用。

1. 掌握形体健身的基本知识，了解塑造形体的运动概念及运动形式，加强身体的协调性和柔韧性。

2. 通过塑造形体的基本训练，掌握形体训练的基本训练，掌握形体训练的特点和要求，塑造优美体态，培养学生审美情趣，倡导科学健身新概念。

3. 培养学生欣赏美、追求美、创造美的意识和能力，在发展身心健康的愉悦活动中，学生接受优雅气质的培养，全面提高自身的审美素养，从而更加热爱生活。

（一）学期目标

1. 一年级

（1）通过形体课的训练，使学生对形体有初步的认识。

（2）通过舞蹈小组合作的学习，培养学生对形体课和舞蹈的兴趣。

（3）通过形体的阅读欣赏课程，使学生对人体艺术好奇。

2. 二年级

（1）通过形体课的训练，使学生明白正确的日常行为姿态，对音乐有初步的认识。

（2）能够基本表演完所学的舞蹈组合。

（3）增强对形体与舞蹈的兴趣。

3. 三年级

（1）通过形体课的训练，对肢体有基本的控制能力，协调性增强。

（2）舞蹈组合完成度提高。

（3）了解有关舞蹈的知识，开始对美有自己的认识和理解。

4. 四年级

（1）通过形体课的训练，能完全控制自己的身体，身体协调性较好，对形体有新的认识。

（2）能力训练增强体质，能够基本按要求完成组合。

（3）追求美，感悟美，发现自己的美。

图 2

双手交叉反掌向上，肩臂尽可能往耳朵后面拉伸（见图 3）。身体向前趴在腿上，手臂拉伸（见图 4）。

图 3

图 4

（6）腰部柔韧度训练：双手交叉反掌向上举过头顶，左腿向左边迈一步，与肩同宽。身体呈弧线向左或右倾倒，腿保持直立不动。

5. 节奏性训练组合：舞蹈组合《小手帕》

（1）教具准备：准备歌曲《小手帕》的音频。

（2）活动目标：

① 熟悉歌曲旋律，理解歌词内容并背唱儿歌。

② 根据歌曲节奏型用双手打出节奏。

③ 熟悉舞蹈动作，音乐和舞蹈相结合，较好地完成舞蹈组合。

（3）教学流程一：教师范唱，帮助学生理解歌词，学唱儿歌。

（4）教学流程二：教师讲解内容，由教师带领学生一起学习。

（5）教学流程三：学生分组练习，教师指出学生的不足并加以改正。

第二节　一年级下学期教学案例

1. 教学流程一：行礼

2. 教学流程二：基本站姿训练

（1）所有同学正步站好，眼平视前方，身体放正。

（2）脚呈“小八字”样打开，脚后跟对紧，膝盖蹬直。有意识地往上提胯，不允许坐胯。

（3）小腹吸气，肩膀下沉，挺胸。

（4）下巴微微上抬，双手呈芭蕾手位放好。

3. 教学流程三：基本坐姿训练

（1）所有学生坐在地板上，双腿伸直，绷脚。

（2）上身坐直，双手微放在地板上，手指尖垂落地板。

（3）下巴微微上抬。

4. 教学流程四：素质训练

（1）教具准备：音频准备。

（2）导入课程：由教师带领学生复习一年级上学期的单一性训练，放松身体，课前预热，为授新课做好准备。

（3）头颈部位训练：共三部分。

① 第一部分：共两个八拍。头部低头、仰头训练路线分别是前—后，前—后（一个八拍）；前—后—前，后—前—后（一个八拍）。

② 第二部分：共两个八拍。头部倒头训练路线是左—右，左—右（一个八拍），左—右—左，右—左—右（一个八拍）。

③ 第三部分：共两个八拍。头部摆头训练路线是左—右，左—右（一个八拍），左—右—左，右—左—右（一个八拍）。

（4）肩臂训练：共三部分。

① 第一部分：（两个八拍）双腿打开与肩同宽，双手侧平举，双手内外旋（两拍一次）。

② 第二部分：（两个八拍）双手侧平举，手掌心向前，手臂向后拉伸做扩胸训练（两拍一次）。

③ 第三部分：（两个八拍）拉开背阔肌（两拍一次）。

（5）腿部柔韧度和能力训练活动：共两部分。

① 第一部分：（四个八拍）基本坐姿，双手十指相扣反掌向上，向下做压腿动作（一个八拍做一次）。

② 第二部分：（四个八拍）身体平躺在地板上，呈十字架形，双手反掌向地面，身体收紧，双腿直起直落（四拍起四拍落）。

（6）腰部柔韧度训练：共三部分。

① 第一部分：（四个八拍）双手十指相扣反掌向上，双腿打开与肩同宽，下旁腰练习，先左再右（一个八拍一次）。

② 第二部分：（四个八拍）面向一点，身体收紧趴在地板上做准备，双手弯曲贴紧身体。把上身从地板推起，头向后仰，放松腰部，尽最大可能往后仰头（一个八拍一次）。

③ 第三部分：（四个八拍）面向一点，身体收紧趴在地板上做准备，双手弯曲贴紧身体。把上身从地板推起，头向后仰，放松腰部，尽最大可能往后仰头，双腿弯曲，脚尖向头的方向（一个八拍一次）。

（7）胯的训练（四个八拍）：

身体坐直，脚心对脚心，脚后跟尽量向身体里面靠近，双手扶左右膝盖，用力向下压（两个八拍一次）

5. 节奏性训练组合：舞蹈组合《字母歌》

（1）教具准备：准备歌曲《字母歌》音频。

（2）活动目标：

① 熟悉旋律，背唱儿歌。

② 掌握节奏，使节奏对应自己的舞蹈动作。

③ 自由发挥想象，用身体摆出各字母的样子，多尝试。

（3）教学流程一：听音频，学生学唱，教师做最后的纠正。

（4）教学流程二：学习流水动作，用双手打出节奏或做半蹲动作来表示，着重练习。

（5）教学流程三：学习舞蹈《字母歌》。

（6）教学流程四：分组练习。

（7）教学流程五：教师做引导，带领学生一起想象字母的样子并摆出各个字母的造型。

第三节　二年级上学期教学案例

1. 教学流程一：行礼

2. 教学流程二：基本站姿训练

3. 教学流程三：基本坐姿训练

4. 教学流程四：素质训练

（1）教具准备：音频准备。

（2）导入课程：由教师带领学生做简单的基本的身体活动，放松身体，课前预热，为授新课做好准备。

（3）头颈部位训练：共三部分。

① 第一部分：共两个八拍。头部点头、仰头训练路线分别是前—后，前—后（一个八拍）；前—后—前，后—前—后（一个八拍）。

② 第二部分：共两个八拍。头部倒头训练路线是左—右，左—右（一个八拍），左—右—左，右—左—右（一个八拍）。

③ 第三部分：共两个八拍。头部摆头训练路线是左—右，左—右（一个八拍），左—右—左，右—左—右（一个八拍）。

（4）肩臂训练：共三部分。

① 第一部分：（两个八拍）双腿打开与肩同宽，双手侧平举，双手内外旋（两拍一次）。

② 第二部分：（两个八拍）双手侧平举，手掌心向前，手臂向后拉伸做扩胸训练（两拍一次）。

③ 第三部分：（两个八拍）拉开背阔肌（两拍一次）。

（5）腿部柔韧度和能力训练活动：共两部分。

① 第一部分：（四个八拍）基本坐姿，双手十指相扣反掌向上，向下做压腿动作（一个八拍做一次）。

② 第二部分：（四个八拍）身体平躺在地板上，呈十字架形，双手反掌向地面，身体收紧，双腿直起直落（四拍起四拍落）。

（6）腰部柔韧度训练：共两部分。

① 第一部分：（四个八拍）双手十指相扣反掌向上，双腿打开与肩同宽，下旁腰练习，先左再右（一个八拍一次）。

② 第二部分：（四个八拍）面向一点，身体收紧趴在地板上做准备，双

手弯曲贴紧身体。把上身从地板上推起，头向后仰，放松腰部，尽最大可能往后仰头（一个八拍一次）。

（7）胯的训练：共两部分。

① 第一部分：（四个八拍）身体坐直，脚心对脚心，脚后跟尽量向身体里面靠近，双手扶左右膝盖，用力向下压（两个八拍一次）。

② 第二部分：（四个八拍）在第一部分的基础上，上身向地板趴下（坚持四个八拍）。

5. 节奏性训练组合：舞蹈组合《小鸭子》

（1）教具准备：准备歌曲《小鸭子》的音频。

（2）活动目标：

① 熟悉旋律，能够背唱儿歌。

② 熟练地掌握舞蹈中的节奏。

③ 顺畅地完成舞蹈组合，并带有自己的舞蹈感觉。

（3）教学流程一：听音频，教师带领学生一起学习儿歌。

（4）教学流程二：教师讲解舞蹈涉及的节奏，并用动作表演出来。

（5）教学流程三：学习舞蹈《小鸭子》。

（6）教学流程四：学生自由或分组练习。

（7）教学流程五：教师检查学生的练习情况，可采取学生互评的方式，教师做最后的总结。

第四节　二年级下学期教学案例

1. 教学流程一：行礼

2. 教学流程二：基本站姿训练

3. 教学流程三：基本坐姿训练

4. 教学流程四：素质训练

（1）教具准备：音频准备。

（2）导入课程：由教师带领学生复习上一学期的单一性训练，放松身体，课前预热，为授新课做好准备。

（3）头颈部位训练：共三部分。

① 第一部分：共两个八拍。头部点头、仰头训练路线分别是前—后，前—后（一个八拍）；前—后—前，后—前—后（一个八拍）。

② 第二部分：共两个八拍。头部倒头训练路线是左—右，左—右（一个八拍），左—右—左，右—左—右（一个八拍）。

③ 第三部分：共两个八拍。头部摆头训练路线是左—右，左—右（一个八拍），左—右—左，右—左—右（一个八拍）。

（4）肩臂训练：共三部分。

① 第一部分：（两个八拍）双腿打开与肩同宽，双手侧平举，双手内外旋（两拍一次）。

② 第二部分：（两个八拍）双手侧平举，手掌心向前，手臂向后拉伸做扩胸训练（两拍一次）。

③ 第三部分：（两个八拍）拉开背阔肌（两拍一次）。

（5）腿部柔韧度和能力训练活动：共两部分。

① 第一部分：（四个八拍）基本坐姿，双手十指相扣反掌向上，向下做压腿动作（一个八拍做一次）。

② 第二部分：（四个八拍）身体平躺地板呈十字架形，双手反掌向地面，身体收紧，双腿直起直落（四拍起四拍落）。

（6）腰部柔韧度训练：共三部分。

① 第一部分：（四个八拍）双手十指相扣反掌向上，双腿打开与肩同宽，下旁腰练习，先左再右（一个八拍一次）。

② 第二部分：（四个八拍）面向一点，身体收紧趴在地板上做准备，双手弯曲贴紧身体。把上身从地板上推起，头向后仰，放松腰部，尽最大可能往后仰头（一个八拍一次）。

③ 第三部分：（四个八拍）在第二部分的基础上，双腿向后弯曲，尽量向脚趾间点头（两个八拍一次）。

（7）胯的训练：共两部分。

① 第一部分：（四个八拍）身体坐直，脚心对脚心，脚后跟尽量向身体里面靠近，双手扶左右膝盖，用力向下压（两个八拍一次）（见图 5）。

② 第二部分：（四个八拍）做下大叉的动作，双腿尽量向身体两侧打开，上身向前趴在地板上（坚持四个八拍）（见图 6）。

5. 节奏性训练组合：舞蹈组合《小帆船》

（1）教具准备：音频准备。

（2）活动目标：

① 熟悉旋律，能够背唱儿歌。

② 熟练地掌握舞蹈中的三拍节奏。

图 5

图 6

③ 顺畅地完成舞蹈组合，并带有自己的舞蹈感觉。

④ 训练同学之间的互相合作、协调能力。

（3）教学流程一：听歌曲《小帆船》的音频，教师带领学生一起学习儿歌。

（4）教学流程二：教师讲解舞蹈涉及的三拍节奏性，并用舞步表演出来。

（5）教学流程三：学习舞蹈《小帆船》。

（6）教学流程四：以组为单位，两位同学为一组进行练习，全班参与，练习三拍舞步。

（7）教学流程五：教师进行检测，并当堂进行评价。

第五节　三年级上学期教学案例

1. 教学流程一：行礼

2. 教学流程二：素质训练

（1）腿部能力

① 准备：躺地，双腿伸直、并紧。

② 动作一：右腿呈 90 度，直腿起，直腿落；左腿同右腿做相同的动作；双腿直起、直落（见图 7）。

图 7

③ 动作二：右腿呈 90 度，直腿起，右旁落，贴地划回，并腿；左腿同右腿做相同动作；双腿直起，空中开叉，空中并腿，直腿落。

（2）压腿

① 右压腿：直身坐于地面，双手放在身体两侧，右腿在前，左腿弯曲扣在地上，左膝盖向旁，左脚向后（见图 8）。

图 8

② 左压腿：直身坐于地面，双手放在身体两侧，左腿在前，右腿弯曲扣在地上，右膝盖向旁，右脚向后（见图9）。

图9

(3) 腰背肌与仰卧起坐

两人一组，一个学生压腿，另外一个做仰卧起坐，每人做十个仰卧起坐，然后交换。

3. 节奏性训练组合：舞蹈组合《彝家娃娃真幸福》

(1) 第一组动作

面向七点，双手叉腰，跳踢步四下，右手于面前摇两下，同时右脚前踏两下。以上动作重复四遍。

(2) 第二组动作

① 第一个八拍：身体转向一点，原地跳踢步六下，第七拍停住。

② 第二个八拍：双腿并紧，塌腰撅臀，双手于面前上下交叉四次。后两个八拍重复上两个八拍。

(3) 第三组动作

① 第一个八拍：身体向七点，收手叉腰，跳踢步四下，右手于面前摇两下。

② 第二个八拍：跳踢步四下，身体转向五点，双腿并紧，塌腰撅臀，双手于面前上下交叉两次。

③ 第三个八拍：跳踢步四下，身体转向三点，右手于面前摇两下。

④ 第四个八拍：跳踢步四下，身体转向一点，双腿并紧，塌腰撅臀，双手于面前上下交叉两次。完。

第六节　三年级下学期教学案例

1. 教学流程一：行礼

2. 教学流程二：素质训练

(1) 跳跃

双手叉腰，要求落地轻，双腿直，跳得高，一组二十个。

(2) 前压腿

两人一组，四脚相对，并腿，伸直，牵手，下压，一组四个八拍，做三组（见图10）。

图 10

3. 节奏性训练组合：舞蹈组合《西班牙蝴蝶》

(1) 准备动作：左手叉腰，身体斜向八点。

(2) 第一组动作

① 第一个八拍：第一拍右脚跺地，右手一下到三位，第四拍右脚跺地，右手拉于右体后。

② 第二个八拍：第一拍右脚跺地，右手于右体后打到胸前折肘折腕，第四拍右脚跺地，右手拉回右体后。

(3) 第二组动作

① 第一个八拍：前三拍右脚跺地：三次，右手前三拍到三位，第四拍停顿，后三拍右脚跺地三次，右手三拍拉于右体后，第八拍停顿。

② 第二个八拍：前三拍右脚跺地三次，右手前三拍于右体后打到胸前折肘折腕，第四拍停顿，后三拍右脚跺地三次，右手三拍拉回右体后，第八拍停顿。

第七节　四年级上学期教学案例

1. 教学流程一：行礼

2. 教学流程二：素质训练

(1) 胯

两人一组，一人双脚相对，开胯，上身躺在地上，另一人双腿轻轻搭于其膝盖处，轻轻施压，数二十个数后两人位置交换。

(2) 腰

弯腿蹲，双手按于地上，双脚起，钩挂于把杆上，要求双臂同肩宽，伸直，腰胯下沉，双腿伸直，头抬起（见图11）。四个八拍为一组，做三组。

图11

3. 节奏性训练组合：舞蹈组合《萤火虫小夜曲》

(1) 准备动作：双膝跪地，上身趴于地上。

(2) 第一组动作

双手大一位——七位——三位，两个三拍子的节奏，各自扩指，握拳，最后两个三拍子，手臂从三位落于胸前交叉按掌。

(3) 第二组动作

双腿站起，立板脚尖，流动，双臂展开，左右轻轻摇摆。

(4) 第三组动作

手臂动作同第一组动作，脚步动作为右移动，右腿弯，出左脚勾，左移动，左腿弯，出右脚勾。

(5) 最后教授单一的动作，先把前面的几组动作串联起来，注意节奏的变化，看哪些动作是两个三拍子一变，哪些动作是一个三拍子一变。

4. 跟音乐反复练习

第八节　四年级下学期教学案例

1. 教学流程一：行礼

2. 教学流程二：素质训练

(1) 肩

离把杆一步远，双手轻轻搭于把杆上，双臂伸直，塌腰翘臀，双腿岔开伸直，垂直于地面。

(2) 即兴造型

单人的即兴造型、平面的即兴造型、立体的即兴造型。

3. 节奏性训练组合：舞蹈组合《爱的华尔兹》

(1) 准备位：女生左手做提裙状，右手与男生左手相牵，男生右手背后。

(2) 四个三拍：半脚尖，左—右—左，右—左—右，向前走。

(3) 四个三拍：男生单膝跪地，女生依然按照三拍子舞步按前旁后旁的方向绕男生一圈。

(4) 八个三拍，重复上面前两条。

(5) 其他部分以三拍子舞步为基础，手部动作、双人流动穿插任意变动，使舞段丰富。

第九节　五年级上学期教学案例

1. 教学流程一：行礼

2. 教学流程二：健身操

(1) 准备动作：双手背后。

① 第一到四拍：左脚勾脚前点地，回，右脚勾脚前点地，回。

② 第五到八拍：左脚自然旁点地，回，右脚自然旁点地，回。

③ 第一到四拍：左脚自然后点地，回，右脚自然后点地，回。

④ 第五到八拍：左高抬腿跳，落，右高抬腿跳，落。

(2) 脚同第一组动作，主要加上手部动作。

① 第一到四拍：右前曲臂，回，左前曲臂，回。

② 第五到八拍：双臂横打，回，双臂横打，回。

③ 第一到四拍：双臂后打，回，双臂后打，回。

④ 第五到八拍：双臂同时前屈，回，同时前屈，回。

(3) 第三组动作

① 第一到四拍：左脚左斜前方一步，右脚右斜前方一步，左脚收回，右脚收回。

② 第五到八拍：双腿原地轻跳四下，双手下垂四次。

重复四遍。

(4) 前两个八拍——重复第一组动作。

第三个八拍——第三组动作前一个八拍左转身做。

后四个八拍——第三组动作前一个八拍右转身做。

(5) 最后一个八拍——原地踏步四拍，开合跳四拍，手臂打开。

重复四遍。

第十节　五年级下学期教学案例

1. 教学流程一：行礼

2. 节奏性训练组合：舞蹈组合《练字谣》

(1) 第一组动作

教师边讲解边做示范，对需要学生重点注意的地方要着重指出；学生跟着教师做，教师及时纠正和指导。

具体要求如下：

双手上举，四拍后，双手抱拳，做武术中的行礼状。

① 第一个四拍：双手与腰间准备位，双腿跳开右弓步，左手于体前，右手上举。

② 第二个四拍：双手双脚回到准备位，双腿跳开，右腿在前，左腿在后，交叉，身体向左，左手上举，右手旁举。

③ 第三个四拍：跺左脚，左胳膊肘右撞，跺右脚，右胳膊肘左撞。

④ 第四个四拍：双手与上打开回到准备位。

⑤ 第五个四拍：左腿出左弓步，右手打向左胯，右手斜出右上方。

⑥ 第六个四拍：收右手与左脚，身体向右，回准备位，抬左脚，出右手于体前。

⑦ 第七个四拍：左腿落，双手体前重叠，八点方向蹦四下。

⑧ 第八个四拍：双手与上打开回到准备位。

（2）第二组动作

教师边讲解边做示范，对需要学生重点注意的地方要着重指出；学生跟着教师做，教师及时纠正和指导。

具体要求如下：

① 第一到四拍：左手于腰间，右手直拳出，抬右脚，左腿轻跳两下，后两拍换反方向。

② 第五到八拍：动作与前四排相同，改为一拍一下。

重复前一个八拍动作。

③ 第一到四拍：身体右斜方向，左腿前提，双臂体旁打开，连跳四下。

④ 第五到八拍：同前四拍，换反方向。

学生喊着节奏做一遍。跟音乐做一遍。

（3）第三组动作

将第二组动作面向后做一遍；最后一个八拍转向八点做。

（4）第四组动作

教师边讲解边做示范，重点注意的地方要着重指出；学生跟着教师做，教师及时纠正和指导。将第一组动作提快一倍速度做。跟音乐做。

（5）完整组合

将所有动作按顺序整合，学生喊节奏做一遍，跟音乐做，多练几遍。

第十一节　六年级上学期教学案例

1. 教学流程一：行礼

2. 教学流程二：舞蹈组合《综合能力训练——单舞步大齐舞》

（1）准备动作：单腿蹲，双手触地。

（2）第一组动作

① 慢跑动作：先往右，再往左，第三次停在右手边，右手为拍球的位置停住。

② 重复动作：方向相反，第三次停在左手边，上手上举，在拦球的位置停住。

③ 重复动作：速度再放慢，高低交错，动作夸张，第三次为各自造型

停住。

（3）第二组动作

双腿打开站好，左右移中心，手臂体前伸直，弯曲交替两次，向上伸直左右手交替两次，重复手臂体前伸直，弯曲交替两次，转一圈，造型停住。

（4）第三组动作

拍球动作，先面对一点做，再转一圈，最后做一个投球的慢动作。

（5）第四组动作

双腿打开站好，左右移中心，手臂体前伸直，弯曲交替两次，右腿屈腿踢腿两次；左右移中心，手臂体前伸直，弯曲交替两次，左腿曲腿踢腿两次。

（6）第五组动作

拍球动作，左右换腿换手。

（7）第六组动作

拍球，流动，拦球，场面结束。

第十二节　六年级下学期教学案例

1. 教学流程一：行礼

2. 教学流程二：舞蹈组合 *Beat It*

（1）第一组动作

① 第一个八拍：右脚开始往前迈三步，同时右手于体旁打响指六下，七、八两拍，左脚踢地跳踏落地。

② 第二个八拍：左右斜肩两次，再手上举斜肩两次，后四拍双手体前体后下垂四次，同时双脚后推进两次。

（2）第二组动作

① 第一个八拍：前四拍双腿交叉右腿在前，双臂打开，快速转向后同时双臂落下，再面冲后方重复一次前面的动作，转向前；后四拍左脚踏，右脚踏，同时左肩动、右肩动，向八点方向扩胸三下，同时双腿弯。

② 第二个八拍：前四拍双手擦过裤腿向后甩两次，后四拍右手响指四次同时出右胯四次。

（3）将所有动作按顺序整合，练习变化方向的动作，一个方向连跳两遍，后左转两遍，再左转两遍，再左转两遍，四个方向的动作连起来。

第三章 阅读与欣赏课程

一、舞蹈作品阅读与欣赏的意义

舞蹈是一种用身体的四肢舞动来表达人体情感的古老艺术。在我国的古代，就有“连臂而舞”“踏地为节”之说法。舞蹈动作不仅可以舞出行云流水般清新雅致的意境，也可以画出气势磅礴的思想情节。

在舞蹈作品阅读与欣赏课程中，教师不仅要向学生灌输舞蹈思想，传递舞蹈文化的内涵，还要鼓励学生对所看到的舞蹈作品作出评价。在实现舞蹈作品欣赏课程教学的流畅性、互动性、流动性的过程中，学生可以体验到舞蹈艺术的美感、生命情感的丰富底蕴，全面提高素质。

随着人们物质生活水平的提高，工作节奏的加速，亲情友情降温、情感冷漠等一系列社会问题也随之而来，为社会大众产生了精神和思想上的双重影响。吕艺生在《舞蹈教育学》一书中指出了对学生进行舞蹈教育的意义：(1) 可以使学生感受积极、健康、乐观的思想感情。(2) 我国丰富多彩的民间舞蹈可以培养学生的爱国主义情感。(3) 集体舞可以培养学生的集体主义和团结有爱的精神，加强其纪律观念。(4) 力量型舞蹈可以培养学生勇敢的品质。(5) 培养学生高尚的情操和对美的感受。(6) 可以使身体器官灵活敏捷。(7) 可以培养学生良好的举止行为和正确的体态，提高辨别美丑的能力。(8) 可以健身。

二、开设舞蹈阅读与欣赏课的原因

首先，舞蹈作品阅读与欣赏课在形体课程中还是一项空白，我们可以通过舞蹈作品的阅读或欣赏来丰富形体课堂，开阔学生的视野。学生对学习舞蹈的热情高涨，身心得到了放松，同时，也能更好地学习其他学科。

其次，通过舞蹈作品的阅读与欣赏来提高学生舞蹈方面的欣赏水准和审美能力是可行之举。

最后，舞蹈作品的阅读与欣赏还具有一定的德育功能。

舞蹈作品的阅读与欣赏虽然有很多益处，但是无计划、无层次、无目的的欣赏则是不可取的。学校一定要制订一个明确的计划，遵循一定的原则和规律，由浅入深，层层递进，有计划、有目的地进行舞蹈课。

第一，要激发学生的兴趣。兴趣是最好的老师，学生对舞蹈产生了兴趣才能将舞蹈学好。

第二，学生欣赏与教师讲解相结合。教师要不断地提问题，例如，“你认为哪个作品好?”“为什么好？具体谈谈好在哪里。”有时，这些问题学生回答不上来，这证明学生对舞蹈作品的认识还停留在表面、直观或个人喜恶上，没有上升到理性认识的高度。教师要有选择、有重点地讲解个别作品。教师在讲解舞蹈作品时应有节制，不要对所有作品都进行讲解，或者把自己的讲解完全灌输给学生，应让学生自己动脑，开发学生的想象力，培养他们的创造性思维。

第三，由浅入深，层层递进。舞蹈艺术是一门深奥的、范围很广的艺术，它包含多个种类，例如，中国古典舞、中国民族民间舞、芭蕾舞、现代舞等。而单就中国民族民间舞蹈而言，中国有56个民族，每个民族的舞蹈都各具特色、各成风格，面对如此之多的舞蹈分类、舞蹈作品，教师要利用有限的时间，结合学生的心理特点与欣赏能力，让学生欣赏具有代表性的舞蹈作品。

第四，将欣赏和形体课、音乐课活动联系起来。学生要边看边运动，看与动相结合，用“眼”来带动“手”，用“手”来带动“眼”。实践证明，经过这样的一个过程，在造型或即兴课上，学生自己编排的舞蹈组合也越来越好，学生的审美能力与水平也在不断地提高。

三、阅读与欣赏课程实施

(一) 低年级段的阅读欣赏

1. 教学流程一

(1) 教师介绍舞蹈按表现形式特点可划分为：独舞、双人舞、三人舞、群舞、组舞、歌舞、歌舞剧、舞剧等。舞蹈是从原始社会人们的劳动、生活、感情之中产生的。群舞是舞蹈最初的表现形式。

(2) 教师介绍舞蹈按特征可划分为：古典舞、芭蕾舞、民族舞、现代舞、踢踏舞等。

2. 教学流程二

在欣赏所有作品之前，教师拿出相应的照片或图片来引导学生，加深学生的记忆。

(1) 按以上流程，让学生进行简单赏析。欣赏的第一个舞蹈作品是《孔雀飞来》。找一个学生对作品作介绍和简单的评价。再由教师补充，这是少数民族傣族的独舞，表现的是一只孔雀的神态。

(2) 欣赏的第二个舞蹈作品是《花儿红》，由学生作简单的赏析，教师补充。

(3) 欣赏世界著名的芭蕾舞《四小天鹅》。

(4) 欣赏世界著名的爱尔兰经典踢踏舞《大河之舞》。

(5) 欣赏叙事性舞蹈《遥远的爸爸妈妈》，并描述舞蹈所表现的内容。

3. 单元评价

(1) 学生能否对舞蹈作品作出评价。

(2) 学生能否说出每个舞蹈的不同点。

(3) 学生能否说出每种舞蹈的特点。

(4) 学生能否明白每种舞蹈代表的是什么。

(5) 通过视频能否简单说出讲的内容。

附录：舞蹈语汇——捕捉动物形象

一、教学主题：捕捉动物形象

学生在日常生活中观察动物，模仿动物，试着将动物的神态和声音运用到自己的跳舞中。

二、教学目标

1. 学生能在练习中表现出极大的学习兴趣。

2. 如何将生活动作转化为舞蹈动作。

3. 肢体语言变化多样，身体各部位的协调配合。

4. 感受舞蹈的魅力，享受精彩的瞬间。

三、教学过程

师：同学们，你们都喜欢小动物吗？

生：喜欢。

师：那你们都喜欢什么小动物呢？

生：小猫、小狗、小兔子……

师：那你们可以模仿一下吗？

(学生纷纷模仿)

教师引出教学主题——捕捉动物形象。

(一) 了解有关动物的舞蹈

1. 澳大利亚土著居民：袋鼠舞

2. 爱斯基摩人：海豹舞

3. 印第安人：野牛舞

（二）全动物舞剧

1. 早期经典舞剧：《天鹅湖》《鱼美人》

2. 近期经典舞剧：《野斑马》《藏羚羊》

（三）原创舞蹈展示

1. 第一组：《调皮的鱼》

2. 第二组：《自由自在的小鱼》

3. 第三组：《淘气猫》

4. 第四组：《美人花季》

（四）视频欣赏

1、《猫鼠之夜》

2、《姥姥与小狗》

3、《鸟仔》

四、总结

要准确地捕捉动物形象，与平时的观察和积累是分不开的，学生要多看、多想，将生活中的动作舞蹈化，运用到自己的作品中。

五、教学反思

这节课的教学主题是捕捉动物形象。课程主要分为两部分：一是原创作品的欣赏，二是舞蹈视频的欣赏。从学生的角度出发，教师先让学生了解自己的作品，然后再欣赏他人的作品，通过观看舞蹈视频，开阔视野，明白对同一种动物，可以捕捉其多种形态。

在视频的选择和播放顺序上，教师要多花心思。首先，选择视频时以故事性和趣味性的舞蹈视频为主，这为学生在以后的编创中留足了想象的空间，也让学生对此类舞蹈的创编更感兴趣；其次，可以采取由易到难的播放顺序，由具象到抽象，让学生明白，同一种形态可以有多种表现形式和手法，不同的表现手法又会给人不同的视觉感受。

如何检验学生对本节课的学习效果呢？用什么形式让学生反馈学习呢？这就是第二课时的内容了。欣赏课开设的目的是为了开阔学生的视野，培养学生的审美能力。我们让学生先就视频资料讨论，然后发现自己作品中的不足，再去修改填充。学生通过欣赏他人的作品，吸取其精华，然后经过改编和创造，创作出自己特有的东西，这个过程虽然是漫长的，但是，随着欣赏作品不断增加，学生也会慢慢地创作出富有个性的作品。还是那句话——功到自然成！

第四章 综合实践活动课程

一、在小学开设形体综合实践活动课的意义

科技和信息将人类带入一个全新的时代，知识产品生产和脑力劳动在整个社会生产系统中占据主导地位，可持续发展观念和战略要求社会成员具有终身发展的愿望和能力，面对这些我们开始思考：在全新的社会背景下，基础教育该如何把学生培养成具有健全的价值观和负责的生活态度、具有创新精神和探究发现意识、具有社会实践的能力、具有社会责任感和生态伦理意识、能够与周围环境和谐相处等综合素质的人？纵观全球，这显然已成为各国课程改革的核心命题。在这个背景下，教育部《基础教育课程改革纲要（试行）》在观照欧美各国和日本等国家的课程改革的基础上，提出在我国中小学开设综合实践活动课程的要求。

学校开展综合实践活动的目的在于让学生联系生活实际，通过亲身体验进行学习，积累和丰富直接经验，培养创新精神、实践能力和终身学习的能力，这无论是对学生的终身发展，还是对学校特色的形成，无疑都会起到促进作用。

1. 强调形体课程内容与学生生活实际及学校发展特色和师资能力相联系，通过丰富多样的形体课程内容，激发学生的学习兴趣，挖掘学生的潜能，为学生终身学习、终身可持续发展奠定基础。

2. 在形体课程实施过程中，教师通过引导学生质疑探究、调查实践，倡导学生主动参与、乐于探究，发展和培养学生的创新意识和实践能力。

3. 作为现行形体课程的补充，为学生增加学习的机会，促进学生在愉悦的心理氛围中健康、充分地发展。

二、综合实践活动课程实施

1. 强化学生的舞蹈审美理念

审美体验是人在审美过程中产生的心理效应，在舞蹈教学的各个环节中，教师应以情感人，营造艺术化的教学氛围，师生共同感受美、表现美、创造美，从而丰富学生的情感世界，培养他们高尚的情操和健全的人格。

2. 激发学习舞蹈的兴趣

兴趣是学生学习舞蹈的动力，通过学习舞蹈，学生可以从舞蹈动作中获得美的享受，愉悦身心。教师要根据学生学习舞蹈的认知规律，增强舞蹈动作的贴切性与情绪性，创设生动活泼的舞蹈教学环境，给予学生赞赏和鼓励，从而激发学生的学习兴趣。

3. 注重舞蹈的文化品位

舞蹈有深厚的文化内涵，也有相应的文化价值。学校对学生进行舞蹈教育时，要以舞蹈文化为主，注重舞蹈教学内容的人文性，形成多元文化，拓展学生的文化视野。

4. 重视实践

实践是培养学生舞蹈能力的基础，在舞蹈教学中，教师应鼓励学生主动参加集体性、多样性、探索性的实践活动，并在活动中充分发挥潜能，获取新知识。

5. 关注个性发展

舞蹈教育属于提高型艺术教育，学校应充分发挥学生的个性，使学生在舞蹈教学活动中获得自主空间。

三、单元目标

1. 增强学生的体质，陶冶情操，培养良好的品质，塑造健美的体形。
2. 培养学生的韵律感，提高审美能力和创造力。
3. 丰富校园文化，培养学生朝气蓬勃、积极向上的精神面貌。
4. 激发学生的潜能，培养学生丰富的想象力。

四、课程内容

1. 单人造型

随心而发，三拍子一个造型，避免平面造型。

2. 即兴舞蹈

播放音乐，学生根据感悟随意舞蹈，变换风格、节奏，闻乐则舞，声停则静，让学生最大限度地舞动身体。

3. 舞蹈创编

通过编舞练习，让学生掌握分析、分解、变化和发展舞蹈动作的技能；捕捉舞蹈形象；创编、组织舞蹈语言；设计各种舞段。这个创作过程既包括事先设计好的习题，也包括一系列以即兴方式进行的编舞练习。通过这些练习，学生除了掌握编舞的技巧外，更重要的是能够以舞蹈的形式表达自己的感情。

（1）音乐命题舞蹈《春天在哪里》

以春天里的动植物为主题，分组创编舞蹈，要求有完整的故事情节，有结束感，队形变化多样，动物模仿到位。

（2）音乐命题舞蹈《我不上你的当》

选材很有教育意义，通过舞蹈告诉学生，不要轻信他人的话，不要上当受骗。音乐轻快，动作活泼，适合低年龄段的学生。

（3）音乐命题舞蹈《挥着翅膀的女孩》

音乐轻柔，舞蹈动作也应该是轻盈的，整个舞蹈充满了梦幻色彩，象征着女孩的梦。

（4）音乐命题舞蹈《水晶鞋》

这首音乐讲述的是灰姑娘的故事，学生巧妙地将情景与舞蹈相结合，共同打造了一个属于王子和公主的童话世界。

附录1：三年级单元整体教学案例——音乐之声

一、总体构想：共4课时

1. 模块一：阅读与欣赏歌曲《孤独的牧羊人》《雪绒花》《哆来咪》（共1课时）

2. 模块二：学唱歌曲《哆来咪》（共1课时）

3. 模块三：钢琴演奏歌曲《哆来咪》（共1课时）

4. 模块四：形体创作与实践（共1课时）

二、单元资料整合

表1

阅读与欣赏	演唱	乐器演奏	创作与实践
歌曲《孤独的牧羊人》《哆来咪》《雪绒花》	歌曲《哆来咪》	钢琴演奏歌曲《哆来咪》	形体舞蹈创编《孤独的牧羊人》《雪绒花》《哆来咪》

三、单元学习目标

1. 通过欣赏，让学生感受单元整体主题——音乐之声，学会欣赏的基本要领。

2. 通过学唱，让学生感受歌曲活泼欢快的情绪，认识和演唱歌谱。

3. 钢琴学习do、re、mi、fa、sol、la、si七音在钢琴演奏中的指法，与教师一起完成歌曲《哆来咪》的演奏。

4. 通过舞蹈形体创编，培养学生对音乐的感知力和肢体创造力。

四、具体实施过程

模块一：（第一课时）阅读与欣赏歌曲《孤独的牧羊人》《雪绒花》《哆来咪》

【教学流程】

1. 教师播放歌曲《哆来咪》，学生进入教室。

师：刚才的乐曲给你的感受是什么？

2. 师：这首好听的歌曲背后其实有个动人的故事，今天老师就来给大家讲述这个美丽动人的故事。（揭示单元主题——音乐之声）

【设计说明】

以故事形式进入单元主题，把学生引入音乐故事氛围中。

3. 教师使用多媒体介绍故事人物，讲述故事。

玛丽亚——家庭教师，会唱歌的开朗老师。

特拉普上校——严厉的父亲、军人。

7个孩子——活泼、顽皮。

故事展开，来到了第一个矛盾点：严厉的父亲和顽皮的孩子们。欣赏歌曲《孤独的牧羊人》。玛丽亚如何让特拉普上校改变了看待孩子们的眼光。

4. 学生观看视频《孤独的牧羊人》，分小组完成欣赏报告书。

第一步：小组讨论；

第二步：小组填写欣赏汇报书；

第三步：小组汇报欣赏结论，彼此分享。

【设计说明】

本环节重在让学生掌握音乐欣赏的基本要领和内容。

5. 故事继续进行，故事的第二个矛盾点：玛丽亚和特拉普上校在教育观念上达成一致。特拉普上校终于在玛丽亚的感染下改变了对孩子们的态度。

6. 欣赏歌曲《雪绒花》。

第一遍歌曲：学生观看视频《雪绒花》(英文版)；

第二遍歌曲：教师吉他弹唱歌曲《雪绒花》(中文版)。

7. 分小组完成歌曲欣赏报告书。

【设计说明】

对比欣赏《孤独的牧羊人》和《雪绒花》两首歌曲不同的曲调风格和节奏变化，通过这些不同，感受不同音乐的不同意境。

8. 师：我们知道了故事的两个小高潮，但还有一个，就是最初那7个顽皮的孩子是如何接受并喜欢上了玛丽亚的呢?

9. 欣赏歌曲《哆来咪》，学生观看视频，初步感受歌曲的风格特点。

10. 分小组完成歌曲欣赏报告书。

【设计说明】

为下一模块——歌曲学唱作铺垫。

11. 教师小结：美丽的音乐故事结束了，但是玛丽亚的音乐梦想却还在继续，她希望世界上所有的孩子都能体会到音乐的魅力，都能唱出动人的歌曲。下节课我们就一起来学唱歌曲《哆来咪》。现在，就让《哆来咪》的歌声伴我们结束这节课的学习。

模块二：（第二课时）演唱歌曲《哆来咪》

【教学流程】

1. 师：同学们，上节课大家听了一个非常感人的故事，谁能用简短的语言讲一下这个故事呢？

2. 学生复述故事。

3. 师：通过同学们的复述，我们知道玛丽亚是一位非常美丽、聪明的老师。请问同学们，玛丽亚是怎样教会这7个孩子唱歌的呢？

生：她用了我们音乐中的7个“好兄弟”来教会他们（7个孩子）的。

师：今天，老师就带领大家学习歌曲《哆来咪》，在学习之前我们先来回顾一下这首歌曲。

4. 教师出示图片，让学生认识do、re、mi、fa、sol、la、si这7个音名。

5. 教师解释这7个音名的意义（英语读法）。

6. 读歌词部分：教师通读，提问问题：这种读法属于什么体裁？（童谣）；学生读唱名，教师读唱名后面的歌词。

7. 歌唱部分：用“wu”这个音来哼唱歌曲；轻声模唱；教师重点教唱；学生随伴奏齐唱。

8. 师：这首歌曲的歌词是根据英文编写的，那同学们可不可以用中文的发音来进行改编呢？

9. 各小组分组讨论。

10. 分组展示。

模块三：（第三课时）钢琴演奏歌曲《哆来咪》

【教学流程】

1. 师：通过数学课的学习，大家认识了成千上万的数字，而一首优美的音乐需要哪些数字呢？你们知道吗？

生：do、re、mi、fa、sol、la、si。

2. 师：上节课我们学习了一首歌曲，这首歌曲大家是否还记得？我们来唱一遍吧。

3. 师：大家手里现在都拿到了一份乐谱，这是《哆来咪》这首歌的乐谱，请找出这7个音符的位置，用笔画出来。

4. 师：好，大家看这首乐曲的乐谱，找到要找的音了吗？大家认识了这7个音名，我们这节课就来学习如何在钢琴键盘上演奏这7个音名。

5. 师：大家看钢琴键盘，我们先来认识一下键盘图，看看这些音符都在什么位置，按顺序读出这些音符的唱名。然后，老师指定哪个音，同学们就说出哪个音。

6. 师：接下来，我们在钢琴上找出这些音来。（教师打开钢琴，学生按音阶的顺序说出 7 个音的唱名，学生演奏。演奏时学生不用规定指法，只需要找出音就可以了。7 个音找到后，可以打乱顺序，再找这 7 个音的音名，由教师指定音名）

7. 师：下面，老师来说一下指法与正确的手型。大家都知道，人每只手上有 5 个手指头，可是音乐里有 7 个音符，我们该如何分配这些手指头呢？大家都知道 do、re、mi 分别是用右手的一指，二指，三指演奏的，那其余的音是哪几指演奏的呢？大家讨论一下。

8. 教师讲解，说出注意的问题。

9. 学生齐奏，让每个音符演奏全音符的时值，然后加速演奏二分音符的时值，最后演奏四分音符的时值。（由教师伴奏）

10. 学生对音符都掌握之后，由教师演奏一遍乐曲，着重把 7 个音演奏出来，然后，学生跟随教师的演奏弹奏出 7 个音符。也可放音乐演奏这 7 个音符。

11. 师：大家找到相应的节奏，边唱边演奏。

12. 拓展：学生欣赏单元主题——音乐之声中的歌曲《哆来咪》，学生听完歌曲后，自己在钢琴上找出相应的音，找到音之后以小组为中心，用 7 个音创编旋律。

模块四：（第四课时）舞蹈创编《孤独的牧羊人》《雪绒花》《哆来咪》

【教学流程】

1. 行礼。

2. 放音乐，由学生自己即兴进行舞蹈动作。

（1）集体即兴舞蹈

在教室里，随意找一个位置，面朝任意方向，随着节奏感强的音乐，自由摆动，便于学生掌握最初的身体动态。

（2）模仿即兴舞蹈

走到任意同学身边，由他来单独即兴表演舞蹈动作，所有人模仿即兴舞蹈，随时更换人员。

3. 即兴造型

三拍子一个造型，要求不重复，有创意，有造型感，敢想敢做。

4. 听音乐编创

（1）歌曲《孤独的牧羊人》

① 找到音乐节奏和特点。

② 根据音乐的节奏与特点，每人创编一个八拍动作。

③ 不断重复这套动作，检验是否符合音乐的风格。

④ 随意叫 8 名同学出列，随着音乐，依次做出自己的一个八拍动作，连成一段舞蹈。

(2) 歌曲《雪绒花》

① 找到音乐的节奏和特点。

② 根据音乐的节奏与特点，每人创编一个八拍动作。

③ 不断重复这套动作，检验动作是否符合音乐的风格。

④ 随意叫 8 名同学出列，随着音乐，依次做出自己的一个八拍动作，连成一段舞蹈。

5. 创编小结。

将歌曲分配到个人是最快的一种创编方法，因为经过整合便形成一段舞蹈。

6. 歌曲《哆来咪》作为课后思考，可尝试加入队形。

附录2：五年级单元整体教学案例——古诗新唱

一、总体构想：共4课时。

1. 模块一：阅读与欣赏歌曲《读唐诗》《静夜思》《梅花》《春晓》（共1课时）

2. 模块二：学唱歌曲《静夜思》（共1课时）

3. 模块三：钢琴演奏歌曲《梅花》（共1课时）

4. 模块四：形体创作与实践（共1课时）

二、单元资料整合

表2

阅读与欣赏	演唱	乐器演奏	创作与实践
《读唐诗》《静夜思》《梅花》《春晓》	演唱歌曲《静夜思》	钢琴演奏歌曲《梅花》	形体舞蹈创编《读唐诗》《静夜思》《梅花》

三、单元学习目标

1. 通过集中学唱古诗歌曲，使学生加深对我国古诗文化的了解。

2. 演唱方面：进一步要求学生能用有控制的声音演唱歌曲，演唱、合唱歌曲《静夜思》。

3. 感受与鉴赏方面：要求学生通过对歌曲《读唐诗》的欣赏，感受我国古诗文化的博大精深，理解“唐诗里有画，唐诗里有歌，唐诗里有苦，唐诗里有乐”的含义，体会歌曲情感。

4. 钢琴演奏方面：能够让学生通过自弹自唱，感受古诗的韵味。

5. 音乐创作方面：要求学生能根据教材提供的材料组成古诗歌曲《春晓》。要求学生能积极组织并参与“古诗朗诵演唱会”活动，锻炼学生的组织能力。发挥学生的音乐创造能力，即兴吟唱古诗。

6. 音乐与相关文化方面：要求学生尽可能多地朗诵古诗和演唱古诗歌曲，并理解这些古诗的含义。

四、具体实施过程

模块一：（第一课时）阅读与欣赏歌曲《读唐诗》《静夜思》《梅花》《春晓》

【教学流程】

1. 教具准备。

（1）阅读资料：古诗《静夜思》（李白）《夜雪》（白居易）《绝句》（杜甫）《咏鹅》（骆宾王）《枫桥夜泊》（张继）《夜雨寄北》（李商隐）《出塞》（王昌龄）《九月九日忆山东兄弟》（王维）。

（2）歌曲《读唐诗》音频资料。

2. 教师播放《读唐诗》歌曲，听一听歌中都唱到了哪些古诗。

3. 教师补充要阅读的古诗。

4. 举办一次擂台赛，由教师宣布擂台赛的规则：

唐诗是我国传统文化的精华。朗读这些古诗或演唱古诗歌曲可以加深我们对传统文化的认识。根据课前四个组的准备，今天我们举办“古诗朗诵演唱”擂台赛。擂台赛分四关：第一关是配乐朗诵一首古诗；第二关是演唱一首古诗歌曲；第三关是向同学们介绍一首古诗歌曲；第四关是演奏或表演古诗歌曲。每组派出一名选手组成评审团，对各组的表现进行评判。

5. 擂台赛（曲目建议）。

第一关：朗诵《山行》《送元二使安西》《望庐山瀑布》《下江陵》。

第二关：演唱《梅花三弄》《春江花月夜》《渔舟唱晚》《二泉映月》《塞上曲》。

第三关：介绍《江雪》《登鹳雀楼》《春晓》《敕勒歌》。

第四关：根据具体情况而定，以上素材都可使用。

6. 颁奖

可分为最佳演唱奖、最佳朗诵奖、最佳表演奖和最佳演奏奖。

【设计说明】

以学科整合的形式，让学生了解音乐中的古诗节奏韵律，通过配乐朗诵，诗与乐结合，感受中国文化的博大精深。

模块二：（第二课时）演唱歌曲《静夜思》

1. 教具准备：歌曲《静夜思》的音频资料。

2. 启发学生的思乡情感。

师：请同学们说一说你的家乡在哪里？在家乡还有什么亲人？

师：我们每个人都有自己的家乡，当离开家乡后，总会思念家乡的亲人，思念家乡的一切。德国诗人海涅在欣赏了肖邦的演奏后，感到“好像是从故乡来了一位同乡，把我不在家时发生的一些奇异的事讲给我听。有时我想打断他，问他：那个调皮的水神近来好吗？我们美丽的玫瑰花还是那样开放吗？我们的树还在月光下美妙地歌唱吗？”

许多艺术家都为我们留下了思念家乡的艺术作品，如音乐家马思聪创作的歌曲《思乡曲》，台湾诗人余光中写的诗歌《乡愁》等。下面我们来欣赏马思聪歌曲《思乡曲》的片段。听一听，有什么感受。（有条件的可由教师或学生来演奏乐曲的主题）

（学生聆听乐曲《思乡曲》）

3. 师：歌曲是有旋律的诗，更能表达思乡的情感。现在我们再听一遍，听一听，看哪些音乐的要素构成了这种思乡的情感。

生：音乐的速度较慢，节奏比较舒缓，演唱的声音很柔和，力度较弱等。

师：我们现在来试唱这首歌。

（学生演唱）

4. 教师带领学生合唱。

5. 学习 4/4 拍指挥图。找出与 2/4 拍指挥图的不同之处，感受三拍与二拍的不同。

6. 请一位同学来指挥，全班齐唱歌曲。

模块三：（第三课时）钢琴演奏歌曲《梅花》

【教学流程】

1. 教具准备：钢琴；歌曲《梅花》的音频资料；《梅花》的乐谱。

2. 教师可用图片、绘画作品或自制梅花的录像，让学生了解梅花的形状、色彩、香味等，帮助学生对梅花形成感性认识。

3. 学生讨论自己对梅花的了解，如梅花的种类、生长的习性、象征的意义等。

4. 教师播放歌曲《梅花》的音频资料。

5. 教师范唱歌曲，让学生以小组的形式，视唱乐谱，教师提示难点。

6. 教师运用正确的指法与演奏技巧分小节教奏。

7. 学生跟随每小节演奏。

8. 学生齐奏。找出问题，然后讨论，最后小结。

【设计说明】

通过演奏歌曲《梅花》，让学生掌握切分的节奏，能够区分大、小切分的节奏型。

模块四：（第四课时）舞蹈创编《读唐诗》《静夜思》《梅花》

【教学流程】

1. 教具准备：歌曲《梅花》的音频资料、古琴曲《梅花三弄》的音频资料、毛泽东诗词《卜算子·咏梅》的音频资料、陆游的诗词《咏梅》的音频资料。

2. 复习歌曲《梅花》，由教师介绍关于梅花的艺术作品，如古琴曲《梅花三弄》、毛泽东诗词《卜算子·咏梅》、陆游的诗词《咏梅》。

3. 听音乐，由学生自己即兴舞蹈，感受古诗歌曲韵味。

（1）集体即兴舞蹈

在教室里，随意找一个位置，面朝任意的方向，随着节奏感强的音乐，自由摆动，便于学生掌握最初的身体动态。

（2）模仿即兴舞蹈

走到任意同学身边，由他来单独即兴表演舞蹈动作，所有人模仿即兴舞蹈，随时更换人员。

（3）即兴造型。

在听到不同的乐曲时，即兴造型，每位同学不重复。

4. 创编。

（1）创编舞蹈《读唐诗》，可以加入现代舞蹈因素。

创编舞蹈《静夜思》，感受音乐氛围，划分小组，每个小组成员编创一个动作，最后将每个成员的动作合成一个舞蹈。

（2）创编舞蹈《梅花》。以梅花为主题，模仿梅花的造型，自己编创动作。

【设计说明】

同一主题下的不同风格作品的收集与整理，丰富学生以古诗为主题的音乐知识内容。

后 记

山东省德州跃华学校小学部音乐单元整体课程遵循的基本理念是：根据课程的人文性、审美性、实践性三方面的要求，以音乐审美为核心，以兴趣爱好为动力，强调音乐实践，鼓励音乐创造；突出音乐特点，关注学科综合；弘扬民族音乐，理解音乐文化多样性；面向全体学生，注重个性发展。它涵盖各个年级课程应达到的课程目标、课程实施方案和评价标准。

该课程实施方案主要是以单元整体教学为核心的。在各年级的单元整体实施方案前，加入了课程目标、课程实施、课程评价标准，而在音乐单元整体课程实施主要分为四个部分：阅读与欣赏、演唱、乐器演奏、创作与实践。阅读与欣赏部分主要从三个方面进行了阐述：音乐表现要素；音乐情绪与情感；音乐体裁与形式。学生在掌握丰富课本知识的同时，能更广泛地了解课本以外的知识。演唱部分主要包括两个部分：一是歌曲演唱，二是模唱。在乐器演奏中，考虑到1～2 年级低年级学生的学习水平有限，在乐器钢琴的教学中只加入了乐理知识认知、熟悉、接触等知识。同时，也注重对学生进行打击乐器的训练。学生进入 3～6 年级后，开始学习专业的钢琴演奏，包括专业技能训练、乐曲合奏等。创作与实践部分的主要内容是结合本单元的课程内容，选择适合提高学生合作、创新、想象能力的活动。

通过单元整体教学，课程目标更加清确、实施方案更加清晰、评价标准更加准确，充分凸显了音乐课程的美育功能。这种教学方式以音乐活动的形式划分教学领域，设计丰富的音乐实践活动，引导学习主体主动参与进来；正确处理音乐知识、技能学习、审美体验和文化认知的关系；根据学生年龄段、心理发展水平和音乐认知特点的不同，分学段设计梯度渐进的课程目标及相应的评价标准。

美术单元整体课程实施方案与评价面向全体学生、面向全体教师，充分考虑到学生发展的需要，力求体现素质教育的要求，以学习活动的方式划分美术学习领域，增强学习活动的综合性和探索性，注重美术课程与学生生活经验紧密相连，使学生在积极的情感体验中提高想象力和创造力，提升审美能力，增强对大自然和人类社会的热爱及责任感，发展创造美好生活的愿望与能力。

美术课程实施方案设置各年级课程应达到的课程目标、课程实施方案、课程评价标准、综合实践四个部分。其中，每个部分都分为“造型·表现”“设计·应用”“欣赏·评述”“综合·探索”四个领域进行研究教学。多年来，我校的教学一直是分科进行的，这种单一的知识结构远远不能适应新课程的需要，所以，整合知识结构势在必行。当然，美术课程更适合与计算机、音乐、体育、语文等学科相整合，这样才能使“综合·探索”学习领域的课程更加丰富多彩，充满活力。

总之，这套编写方案中的教学设计都是为了学生的发展，评价标准是以满足学生的需要而设置的。